ТАЙНЫЕ ПРИТЧИ
БИБЛИИ

ОТ СОТВОРЕНИЯ ДО АВРААМА

УДК 2-1
ББК 86.2/3 В48

Лайтман, М.С., Винокур, С. М.

В48   **Тайные притчи Библии.** От Сотворения до Авраама / М.С. Лайтман, С. М. Винокур, – М.: НФ «Институт перспективных исследований», 2021. – 176 с.

ISBN 978-5-91072-024-8

Библия закодирована. Прочитав эту книгу, вы узнаете секреты этого кода. И тогда вы сможете прорваться сквозь внешние события, из которых она на первый взгляд состоит, к тому, о чем в ней действительно говорится. Вы поймете, почему все мировые религии признают за Библией право первенства, ради чего ссылаются на нее политики, философы, писатели... Вам откроется истина.

Эта книга – путеводитель, руководство в продвижении для тех, кто задает вопросы о смысле жизни, инструкция о том, как открыть духовный мир. Как стать счастливым.

УДК 2-1
ББК 86.2/3

© Laitman Kabbalah Publishers

ISBN 978-5-91072-024-8

«Институт перспективных исследований», 2021

Михаэль Лайтман · Семен Винокур

ТАЙНЫЕ ПРИТЧИ БИБЛИИ

ОТ СОТВОРЕНИЯ ДО АВРААМА

Москва
2010

ОГЛАВЛЕНИЕ

НЕОБХОДИМОЕ ПРЕДИСЛОВИЕ 7
ЧТО ТАКОЕ ПЯТИКНИЖИЕ 10
КОРОТКО О ВАЖНОМ 12
ЯЗЫК ВЕТВЕЙ 15
ГЛАВА «В НАЧАЛЕ» - «БЕРЕШИТ» 19
   ДЕНЬ ПЕРВЫЙ 25
   ДЕНЬ ВТОРОЙ 27
   ОСОЗНАНИЕ ЗЛА 28
   ДЕНЬ ТРЕТИЙ 37
   ДЕНЬ ЧЕТВЕРТЫЙ 38
   ДЕНЬ ПЯТЫЙ 43
   ДЕНЬ ШЕСТОЙ 46
   ОТВЕТСТВЕННОСТЬ ЗА МИР 51
   ДЕНЬ СЕДЬМОЙ 53
   ЭКРАН 55
   СУББОТА – СЕДЬМАЯ СТУПЕНЬ 57
   СЕМЬ ДНЕЙ ТВОРЕНИЯ 58
   ВЫСШЕЕ ЖЕЛАНИЕ 60
   ИЗ ЧЕГО БЫЛ СОЗДАН ЧЕЛОВЕК 66
   РАЙСКИЙ САД 70
   О ЖЕНЕ ЧЕЛОВЕКА 74
   ПОЯВЛЕНИЕ ЗМЕЯ 79
   ИЗГНАНИЕ 84
   О СВОБОДЕ ВЫБОРА 87
   ВОЗВРАЩЕНИЕ К АДАМУ 90

ГЛАВА «НОЙ» 97
  ИСКРА НОЯ 100
  ВХОД В КОВЧЕГ 104
  НЕПРОСТЫЕ ВОПРОСЫ 105
  ПОТОП... 108
  РОЖДЕНИЕ 112
  ВЫХОД НА НОВУЮ ЗЕМЛЮ...................... 116
  ИСТОРИЯ СОЗДАНИЯ
  ВАВИЛОНСКОЙ БАШНИ 121
  СОЗДАНИЕ МИРОВЫХ ЯЗЫКОВ 121
  «ВАВИЛОНСКАЯ БАШНЯ» ВНУТРИ НАС 122
  ПАДЕНИЕ РАДИ ПОДЪЕМА 124
  ВАВИЛОН ВЧЕРА И СЕГОДНЯ 126
  ЧТО ДЕЛАТЬ.. 130

ГЛАВА «ИДИ К СЕБЕ»................................... 135
  ЦАРСТВО ЭГОИЗМА................................... 136
  ПРЕДСКАЗАНИЕ 138
  РОЖДЕНИЕ «АВРААМА» В ТЕБЕ 144
  ОТКРЫТИЯ, СДЕЛАННЫЕ В ПЕЩЕРЕ......... 146
  ОБ ИДОЛАХ И О ТВОРЦЕ 152
  ТЮРЬМА 158
  СМЕРТЬ, КОТОРАЯ НЕ ПРОИЗОШЛА 160
  САРА, ЖЕНА АВРААМА 163
  УЧИТЕЛЬ 165
  «УХОДИ ИЗ СТРАНЫ ТВОЕЙ» 167

ЗАКЛЮЧЕНИЕ 172

НЕОБХОДИМОЕ ПРЕДИСЛОВИЕ

Уважаемый читатель, если ты ни разу в жизни не задавался вопросом: «Для чего я родился?» – эта книга тебя не заинтересует. Значит, твое время еще не пришло. Если же хотя бы однажды ты спрашивал себя о тайне рождения, хотя бы на мгновение задумался о смысле бытия или мечтал найти «эликсир бессмертия», то, кто бы ты ни был – русский, американец, австралиец, еврей, канадец, индус, – крепко держи эту книгу в руках. Она для тебя. Сегодня пришло ее время.

О чем здесь пойдет речь? О том, как следует читать тайную Книгу – Пятикнижие Ветхого Завета (в оригинале называемую «Тора»). Как прорваться сквозь внешние оболочки бытовых событий, из которых на первый взгляд она состоит, к тому, о чем в ней действительно идет речь.

Для начала давайте перечислим все пять книг: Бытие, Исход, Левит, Числа, Второзаконие. Русские названия книг, входящих в Пятикнижие, происходят от греческих наименований, в то время как в оригинале они названы соответственно: Бе-решит («В начале»), Шемот («Имена»), Ва-икра («И воззвал»), Бе-мидбар («В пустыне»), Дварим («Слова»).

Итак, ты берешь в руки Книгу и начинаешь читать. Тебе в голову даже не приходит мысль о том, что содержание закодировано. На самом деле ты воспринимаешь ее как собрание историй и порой недоумеваешь, почему же вокруг нее так суетятся мудрецы, отчего все мировые религии признают за Пятикнижием Моисея право первенства, с какой стати ссылаются на нее политики, философы, писатели... Что в ней такого особенного?!.. Однако, видимо, что-то особенное все-таки есть, и это «что-то» не дает тебе покоя. Если ты не довольствуешься данной Книгой как историческим эпосом, то с тобой все в порядке, значит, ты ищешь ее потаенный смысл — и, стало быть, найдешь.

Ты бросаешься с вопросами к сведущим, авторитетным людям, но и они не могут тебя просветить. Перечитываешь гору литературы — и там не находишь ответа...

Ты ищешь *код* Книги — вот чем ты занят. Пытаешься обнаружить тайную дверцу, чтобы через нее суметь проникнуть внутрь и раскрыть систему этого кода, которую тщетно стараются разгадать многие и не могут. Потому что они стремятся найти решение с помощью разума. Разум-то их и подводит. Логически не прорваться — не пытайся.

Для того чтобы открыть тайну Пятикнижия, необходим только один «инструмент» — *желание*. Это волшебное слово, и мы в дальнейшем часто будем им пользоваться.

Итак, с чего же ты начинаешь, если решаешься двинуться в потаенные глубины самого главного вопроса жизни? Ты открываешь Книгу и говоришь себе: «Она обо мне. Все, что описывается в ней, — это мой путь в недра моей собственной души.

Дорожки туда заросли, я уже долгое время был озабочен только внешним миром: страдал от отсутствия денег, работы, неразделенной любви, предательства, плохой пищи, непунктуальности городского транспорта и радовался покупке дома, новой машине, хорошему бифштексу, фильму, новой мебели... и всего этого мне было достаточно... До поры до времени...

Как вдруг, что-то случилось...

Меня все чаще и чаще стали посещать мысли о непродолжительности, суетности всех этих удовольствий, и предположение о том, что не может быть, чтобы человек – такое потрясающее соединение разума и сердца – рождался только для того, чтобы ублажить свое тело и исчезнуть навсегда.

Вдруг стали просачиваться ко мне в голову мысли о том, что я могу жить вечно.

Откуда они пришли ко мне?.. Не слишком ли все фантастично?.. Верно ли мое предположение?»

Верно. Ты можешь жить вечно.

Мысли эти приходят к тебе из самой внутренней точки. Там, глубоко-глубоко, внутри тебя, живет Вечность. Она все время зовет тебя к себе, объясняя, что все внешнее – шелуха.

Пока ты не был готов, то не слышал ее голоса, она оберегала тебя от глубокомысленных раздумий как ребенка, который играет в игрушечные машинки, до той поры, пока не приходит момент стать взрослым и сесть за руль настоящей машины.

Так и ты. Ты был большим ребенком. Долгие годы и даже тысячелетия «игрался в машинки», как вдруг услышал вопрос: «Неужели я живу для этого?»

Все. Как только ты услышал его – ты перестал быть ребенком.

Именно теперь тебе нужна настоящая Книга – путеводитель, руководство по продвижению для тех, кто задает вопросы о смысле жизни, инструкция о том, как открыть дорогу в духовный мир, который находится внутри тебя. Мир, полный счастья, покоя, связанный с вечностью. Это от него идет к тебе свечение.

ЧТО ТАКОЕ ПЯТИКНИЖИЕ

Первые пять книг Библии, как мы уже упоминали, в оригинале называются Тора (от слова «Ораа», в переводе означающего «инструкция», или от слова «ОР» – «Свет», что в принципе одно и то же). Продвигаться по инструкции то же самое, что продвигаться с помощью Света, вдоль луча, который ниспослан в темноту нашего мира. Надо только «ухватиться» за него и идти. Следуя этой инструкции, ты и начинаешь раскрывать духовный мир, в котором есть ответы на все твои вопросы, ты очищаешься от всего наносного и явственно видишь, как постепенно изменяется вокруг тебя реальность. Ты понимаешь, что всю свою жизнь спал, а думал, что бодрствуешь, не так ли? Ты вдруг осознаешь, что все, принимаемое тобой за ценности, оказывается мелочью, а почитаемое за истину – на самом деле ложь, и земные желания – ничто по сравнению с тем, что уготовано тебе...

Вот увидишь, ты еще дойдешь до таких оценок, только придерживайся одной мысли: «Эта книга обо мне». Упрямо ищи ее в себе, и тогда за историей бородатых пращуров откроется твоя личная история, и у тебя перехватит дыхание оттого, что вдруг подтвердится: «Она обо мне!...». Меж строчками Книги засветятся новые строчки, и за каждым значком, буквой, словом начнет проявляться особая духовная сила, и ты, буквально физически, почувствуешь, как вокруг собирается свет, который ищет возможность проникнуть в тебя... не в твое физическое тело – оно ничто, – а в твою душу, которая вечна.

Когда свет войдет в тебя и начнет очищать, вот тогда все, казавшееся прежде таким нереальным, фантастическим, станет простым, понятным и естественным.

Через месяц правильного чтения Книги ты увидишь, какие изменения произойдут с тобой. Ты не узнаешь себя и свой внутренний мир.

Он обретет цельность. Ты начнешь видеть, ощущать, что это твоя душа, которая на одной ступени зовется Ноем, на другой Авраамом, на третьей Моисеем, идет на встречу с Вечностью.

Итак, если ты готов, мы начинаем наш рассказ.

КОРОТКО О ВАЖНОМ

Более 5000 лет назад в Месопотамии – месте, откуда берут начало многие современные цивилизации, – жил человек по имени Авраам. Позже почти все религии и духовные течения признают его основателем и отцом народов, внесут его имя в свои священные писания в качестве первооткрывателя Закона существования мира, постигшего Высшее управление.

Именно Авраам является родоначальником науки, которую можно считать вненациональной, вселенской, потому что возникла она до разделения мира на народы и языки, науки, которая в течение многих веков то исчезала, то появлялась вновь на горизонте человечества, обрастая всевозможными мифами и легендами.

Это происходило преднамеренно. Люди еще не были готовы воспринять ее, она должна была окончательно явиться на свет именно в наше время. Почему? Эта наука предсказывала, что в тот период, когда эгоизм на земле достигнет наиболее мощного развития, человечество будет не в силах с ним справиться, и ему потребуется средство спасения от него. Тогда-то и наступит момент для раскрытия знания, название которого – *каббала*.

Каббала в переводе означает – «получение», то есть это наука о том, как правильно получать. Как грамотно использовать свой эгоизм, чтобы получить все уготованное человечеству наслаждение, не разрушая, а созидая.

Каббала ничего не принимает на веру. «Попробуй и убедись, как прекрасен Творец», – предлагает она. Уважаемый читатель, обрати внимание, «попробуй и убедись» – это означает, что ты не должен согла-шаться с тем, что услышал от кого-то. Ты должен сам обрести ощущение Творца, и каббала объяснит тебе, как это сделать.

Итак, приготовься к тому, что ступень за ступенью, двигаясь только вверх, ты будешь претерпевать разные состояния. Это означает, что на каждой ступени ты будешь давать Творцу разные имена, в зависимости от того, дальше или ближе от Него ты находишься. На одной ступени Он будет Беспощадный, на другой – Справедливый, на третьей – Милосердный, на четвертой – Единственный – все это потому, что ты будешь чувствовать Его таковым. Каждая ступень – новое имя, и нечему тут удивляться. Так происходит и в нашей повседневной жизни. Мы, например, называем какого-то человека – «скрытный». Потом, узнав его лучше, теплее, говоря: «Нет, просто он много знает». Сблизившись еще больше, уже считаем его мудрым, затем – добрым, затем – открытым... а ведь начали мы с того, что он скрытный!.. Вся эта смена определений происходит по мере того, как мы раскрываем его качества. Он всегда был таким, этот человек, просто надо было поближе с ним познакомиться, постичь его характер. Для нашего дальнейшего продвижения очень важно понять, что это не он изменился, а мы раскрылись ему навстречу, словно вобрав его в себя.

Так и с Творцом. Мы знакомимся с Ним все ближе и ближе, постигаем все новые Его свойства, то есть Его имена. Это происходит тогда, когда мы буквально проживаем все прочитанное в Пятикнижие Моисея, пропускаем его содержание через себя. Вот и получается, что на протяжении пяти книг Библии мы постигаем имена Творца. Каждая ступень – новое имя. До каких пор это будет происходить? Пока мы не откроем все имена Творца, не сольемся с Ним и не постигнем Его как абсолютный Закон Любви.

ЯЗЫК ВЕТВЕЙ

Каббала выработала для себя особый язык, который называется – «язык ветвей».

Причина заключается в том, что все в нашем мире не возникло само собой, а *создано и управляемо*.

Мироздание, планеты, камни, растения, животные, человек, то, что с ними происходило, происходит и будет происходить, – все это нисходит от Творца, проходит через все духовные миры и проявляется в нашем мире.

Забегая вперед, скажем, что у Творца есть система управления нашим миром, которая называется мир Ацилут, что в переводе означает «У Него», то есть у Творца.

Мир Ацилут – это своеобразный «мозг», без команды которого ничего не случается в нашем мире. Ничего! Ни мысли, ни движения, ни войны, ни открытия, совершенно ничего... Без Его управления, как говорится, «и букашка не проползет», «и травинка не колыхнется».

Наше мироздание, которое можно уподобить «гигантскому компьютеру», управляется миром Ацилут.

То есть все, что есть в нашем мире, в обязательном порядке зарождается в Высшем мире, а затем нисходит по духовным ступеням. Существует строгая связь между объектами нашего мира и их корнями, расположенными в Высшем мире, назовем их «духовными двойниками».

Еще раз повторим: наш мир – следствие мира духовного.

Каббалисты отчетливо это ощущают, потому что существуют в двух мирах. То есть они видят высший объект – *корень*, откуда все берет свое начало, и его следствие в нашем мире – *ветвь*.

Поэтому язык каббалы и получил название «язык ветвей», а не язык корней. Ведь это корням дается название ветвей, а не наоборот.

Таким образом, каббалисты нашли такой способ передавать информацию, который позволяет четко описывать духовный мир словами нашего языка.

Они берут название нашего мира, например «дерево», и с его помощью описывают Высший объект, то есть силу, которая теперь носит название «дерево».

Однако если человек не знает, что именно таким языком написан Ветхий Завет, то что же он тогда видит в нем?

Он видит рассказ о нашем мире. О «дереве», которое растет в «райском саду», о змее-искусителе, который что-то шепнул Еве, и тому подобное.

Все это абсолютно неверно.

В результате таких объяснений Книга, призванная соединить наш мир с духовным, низводится до уровня обычной литературы.

(Помню, моя бабушка вышивала красивые красочные картинки на ткани. Я, маленький, любовался ими, думая: «Вот такой он, мир, и есть...» Так я считал до тех пор, пока однажды не заглянул на обратную сторону вышивки и не увидел там беспорядочное на первый взгляд переплетение ниток и узлов, но в этом и был корень всей красоты. Позже я понял: перережь один узелок, находящийся на изнанке, и распадется весь красивый узор...)

Вот сейчас мы с вами хотим научиться обращаться к корню. Картину мы видим, она составлена из простых земных слов, но что за ними?

Читая библейское Пятикнижие, мы будем учиться видеть за словами силы, которые являются их корнями. Кроме того, само намерение именно *так* читать эту Книгу уже свяжет нас с Высшим миром. Потому что все начинается с цели и намерения. Библия с самых первых строк ставит цель: рассказать человеку о том, как стать обитателем духовного мира. Стремится привести его к Творцу. К вечности. К счастью. Такое же намерение должно быть и у читающего ее человека: «Я хочу таким образом раскрыть Творца».

Итак, начнем наше путешествие к тайнам самой великой Книги всех времен и народов. Готовы? Вперед! Первая глава книги Бытия называется «В начале», или «Берешит».

ГЛАВА

«В НАЧАЛЕ» - «БЕРЕШИТ»

Глава «В начале» - «Берешит»

«/1/ В начале сотворения Всесильным неба и земли. /2/ Когда земля была пуста и нестройна, и тьма над бездною, а дух Всесильного парил над водою...»

Если толковать эти слова буквально, то можно дать волю воображению. Представить себе, например, как выглядит Творец, что Он может «парить», «говорить», «видеть».... Здесь есть безграничный простор для полета фантазии: и вода, и тьма, и бездна...

Однако кому это интересно?

Только тем, кто замкнут на желаниях нашего мира, кому интересно узнавать, а не *постигать*, кто любит порассуждать, особенно если имеются слушатели. Мы уже говорили на эту тему, она не для нас.

Эти желания понятны.

Если тебе все еще достаточно удовольствий этого мира, то наслаждайся, живи себе как «двуногий прямоходящий», называй духовным занятием увлечение музыкой, живописью, вращайся в интеллектуальных кругах, но знай, что все это суета сует, которая не имеет никакого отношения к *подлинным духовным ощущениям*.

Если я хочу постичь духовный мир, то меня интересует совсем другое.

Мне нужен Творец. С Ним у меня свои счеты. Я должен получить ответы на вопросы, которые не дают мне покоя. Я хочу понять для чего родился?!.. Узнать – неужели вся эта огромная система мироздания запущена лишь для того, чтобы я поел, поспал, порассуждал, заработал деньги, состарился и умер?! Нет! Этого не может быть!

Я хочу другой мир. Я знаю, что он существует.

Если ты тоже жаждешь именно такого знания, то это означает только одно: ты не успокоишься, пока не проникнешь в тайну своей души.

Ну, а это уже другой разговор.

Это значит, что ты начал подниматься по духовной лестнице.

Перед тобой самая внутренняя, самая высокая ступень из тех, что может постичь человек, – это «Берешит». Так называется и первая глава, открывающая Книгу Бытия. Наивысшее состояние, которое в ней описывается, может быть достигнуто человечеством только в конце исправления.

«В начале сотворения Всесильным неба и земли...»

Речь здесь идет о сотворении Высшего мира, то есть создается область, в которой будет обитать твоя душа. Еще не пробудилось твое «Я». Ты еще не осознаешь себя существующим. Рождается только среда обитания – Высшая Мать, в утробе которой ты зародишься.

Что же это за среда?.. Забегая вперед, скажу, что слова: «В начале сотворил...» – означают создание двух свойств – *эгоистического и альтруистического*, – между которыми будет парить твоя душа.

«Когда земля была пуста и нестройна...»

Вот появляются и первые духовные термины, которые необходимо запомнить. Земля. В оригинале – «Эрэц», от слова «Рацон» – *желание*. Значит, земля – это желание. Отныне только с желанием мы и будем иметь дело. Потому что желание определяет все.

«...земля (желание) была пуста и нестройна...»

Получается, что желание вообще еще не было сформировано (пуста и нестройна). То есть не было у нас желания раскрыть духовный мир.

Что же было? Был только чистый лист, на котором вот-вот начнет писаться история человечества. История души. Вот об этом сейчас и говорится. Речь идет о самом начале. Внутри тебя зарождается мир... То есть сейчас, в этой главе, мы начинаем рассматривать сочетание сил, которые возникают первыми. Они формируют мир, в котором появится человек – Адам, то есть твое духовное «Я». Создается среда, где он будет обитать. Внутри меня рождается человек, рождается духовное желание.

Ты спросишь: «Почему я не чувствую эти силы? Они же внутри меня?!»

Ну, во-первых, скажи: ты чувствуешь, как работают твои органы? Как, например, желудок переваривает пищу, а легкие дышат? Нет.

Все это определяет твое физическое существование без понимания и ощущения происходящих процессов.

Так и здесь. Твою духовную жизнь формируют бурные процессы, которых ты не чувствуешь до той поры, пока не начинаешь испытывать непреодолимое желание стать участником, главным действующим лицом всего этого чуда.

Так формируется твоя душа. Тобой начинают заниматься твои пра-праотцы – силы мира Ацилут. Пришло твое время. Ты должен родиться. Рано или поздно ты познакомишься со своими «родственниками», когда пройдешь все ступени исправления, а пока надо набраться терпения...

Черная, непроницаемая оболочка отделяет тебя от всего, что происходит внутри, ты не чувствуешь и не видишь сквозь нее ничего. Она уплотнялась в течение долгого времени (говоря земным языком), ты становился все более и более эгоистичным, тебя все больше интересовало существование внешнее, а не внутреннее. Все больше занимала тебя жизнь тела, а не душа. Вспомни, как возникали в тебе разнообразные желания, совсем не духовные.

Этот слой нарастал пласт за пластом, заглушая все духовные желания – «праотцев внутри тебя» пока ты не оказался в тупике. «Что окружает меня? Тела, тела. Они едят, зарабатывают деньги, продолжают род... Что ожидает меня впереди?.. Смерть?.. Тогда для чего же я родился?..»

Вот с этих вопросов и начинается дорога «назад», к истокам, к себе, к «Берешит», к тому, что «В начале». На самом деле – это путь к Свету. Продвижение вверх, к Силам, управляющим миром. Каждая духовная ступень на твоем пути – неизвестность: «Какие еще великие сюрпризы приготовил мне Творец?!..»

Вот так мы начинаем постепенно счищать с себя это черное наслоение, которое называется нашим эгоизмом, потому что оно уже не позволяет нам жить, дышать, видеть. Все больше проявляется перед нами наша душа – сложный механизм постижения духовного мира. Наслаждение, которое предназначено нам, – абсолютное. Именно его приготовил для нас Творец. Это и есть – *цель творения*: наполнить нас, Его создания, ощущением совершенства и вечности. Потому что Сам Творец совершенен и вечен, и Он желает передать творению Свое состояние.

Что ж, начнем приближаться к Нему.

«Сказал Всесильный: "Да будет свет"; и стал свет».
Так создается духовный мир.

Так вдруг соединяются силы, о которых мы говорили, и определяют точное место обитания будущей души. Она будет обитать в Свете. Свет будет наполнять ее.

Что такое Свет? Пожалуйста, не пытайся его вообразить. Тем более что даже в наших земных понятиях мы не находим ему точного определения. Думаем, что Свет – это сияние солнца, или когда светло на душе...

Свет – это единственное свойство, которое окружает нас, наши души, весь мир, все мироздание. Это свойство Творца – свойство полной, абсолютной отдачи. Закон Любви и Добра. Все это и есть свет.

Чем раньше мы это поймем, тем быстрее преодолеем все страдания этого мира, которые и даются-то нам только для того, чтобы мы поняли, к чему должны «вернуться». К тому самому свету любви.

«И увидел Всесильный свет, что он хорош, и отделил Всесильный свет от тьмы»

Если существует свет – абсолютная отдача, великий альтруистический закон Творца, Его свойство, которое сейчас проявилось, то, по логике вещей, должен быть и тот, кого Творец хочет насладить, кому Он хочет отдать все, что у Него есть.

Таким объектом становится творение.

Мы. Я. Весь мир. Мир внутри меня.

Мы – получающие.

Вот и образовалось два состояния (которых ранее не было): *отдача* – свойство Творца, или света, и *получение* – свойство творения.

Это и называется: «и отделил Всесильный свет от тьмы». То есть сформировалось два состояния – свет и тьма, свойство Творца и творения, отдача и получение.

Это было заложено еще в первом слове Книги Бытия – «Берешит», которое происходит от слова «бар», в переводе «вне», что означает *отдаление творения от Творца*.

Выход творения из лона Творца.

В слове «Берешит» – весь путь человека и весь смысл библейского Пятикнижия. В нем – осознание, что ты вышел из лона Творца и должен вернуться к Нему – после долгого пути отдаления, огрубления, который прошел ты и проходит все человечество. Для этого ты должен постичь, что действительно удалился от Творца, погрузился в свой эгоизм, и тебе сейчас плохо, потому что он не дает тебе жить. Эгоизм не дает жить миру, разрывая его на части. Только поняв это, ты решаешь пуститься в обратную дорогу, к Творцу. Ты проходишь путь исправления своего эгоизма и в результате получаешь награду в миллионы раз большую, чем мог предположить (потому что наш мозг не способен представить это), – зарабатываешь Вечность. Обретаешь вечное, непреходящее блаженство. Новое соединение с Творцом, уже осознанное, то есть на более высоком уровне.

«И назвал Всесильный свет днем, а тьму ночью. И был вечер, и было утро: день один»

Внутри тебя определились два состояния: Свет – ПОДЪЕМ, отдача, альтруистическое свойство, и тьма – ПАДЕНИЕ, получение, эгоистическое свойство. То, что ты разделяешь, разграничиваешь их между собой и является первым шагом к исправлению. Такое состояние называется «первый день творения».

ДЕНЬ ПЕРВЫЙ

В каждом из нас присутствуют два противоположных свойства: тьма и свет, вечер и утро. Это состояния наших духовных подъемов и падений. Они зависят не от того, сколько денег ты заработал или потерял, а насколько близко находишься к Творцу, а значит, к Его свойству Отдачи, или удалился от Него. Поэтому когда встречаются в Книге Бытия понятия «ночь – день», «утро – вечер» – знай, речь идет о твоих изменяющихся состояниях, и далее ищи инструкцию, что делать, как, не затягивая падения, ни в коем случае не отдаваясь этому состоянию надолго, переходить к фазе подъема, к утру.

Секрет плохих и хороших состояний человека можно определить так: я ближе к Творцу, к Его свойству Любви – значит, я нахожусь в стадии подъема, мне хорошо; если я дальше от этого закона, значит, мне плохо, я переживаю период падения. Вот и все. То, что я ищу при этом всяческие объяснения своим переживаниям, будто все они – следствие, что я болен, унижен, потерял деньги, поссорился с женой или разбил машину, – это чепуха. Просто ситуация видится мне таковой из моего неисправленного состояния, когда от меня скрыт корень, силы, управляющие мной. Я погрузился в собственное «Я», в свой эгоизм, вместо того чтобы изо всех сил стремиться выйти из него. Не получается?.. Понятно, что не получается, но только благодаря этому стремлению ты приходишь к истинной молитве, которая заложена в сердце, а не в разуме. Именно этой молитвы и ждет от тебя Творец, Он отвечает на нее обязательно и сразу.

Молитвой называется призыв, требование, которое пробуждается в твоем сердце, она «начертана» в нем, а не вычитана из молитвенника. Это – твоя отчаянная просьба о помощи, о спасении, призыв к Творцу, чтобы Он не оставил тебя в рабстве эгоизма.

В каком случае рождается в тебе такая молитва? Только когда ты понимаешь, что сам не выберешься, что эгоизм держит тебя мертвой хваткой. Только тогда ты просишь у Творца силы, умоляешь Его о помощи.

Именно этой молитве учит нас Книга.

Она говорит, что все эти состояния необходимы для развития твоей души. Не может быть утра без вечера, не почувствуешь ты подъема, если не знаешь, что такое падение. Поэтому вместе они и составляют единое духовное желание, вместе они «утро и вечер», падение и подъем, соединяющиеся в «день один». **«И был вечер, и было утро: день один»** – это *один духовный сосуд, который только и способен принять свет*.

Еще раз о «днях творения», о которых говорится в самом начале книги Бытия: там объясняется, *что именно ты должен сделать со своей душой в каждый из «дней»*. В «первый день», например, надо только *почувствовать*, что существует свет, то есть свойство отдачи, и уже сами собой начнут приходить в голову мысли о том, что такое «день и ночь» в тебе, «утро и вечер»... Внутри тебя пока только «зашевелились» первые ощущения. Формируется среда, в которой будет обитать душа, или Человек, который родится в тебе.

ДЕНЬ ВТОРОЙ

«/6/ И сказал Всесильный: "Да будет пространство посреди воды и отделяет оно воду от воды". /7/ И создал Всесильный пространство, и разделил между водою, которая под пространством, и между водою, которая над пространством; и стало так. /8/ И назвал Всесильный пространство небом. И был вечер, и было утро: день второй».

Не думай, что все действительно было залито водой. Совсем не о воде здесь идет речь.

Слово «вода» в Книге Бытия – означает *свет милосердия*. Когда говорится о пространстве, которое было выделено и названо небом, то речь идет о том, что человек должен разделить мысли и желания внутри себя так, чтобы суметь увидеть, какие из них светлые – вот они-то и называются «небом», – а какие темные, называемые «землей» (но об этом мы еще будем говорить дальше).

Это самая первая заповедь, которую человек должен исполнить. Только тогда можно вести речь о зарождении души. (Обратите внимание, что *земля* зарождается тоже на основе *воды*, то есть на свойстве Творца – *милосердии*).

«/9/ И сказал Всесильный: "Да стекается вода, что под небом, в одно место, и да явится суша"; и стало так. /10/ И назвал Всесильный сушу землею...»

Вот это разделение на «небо» и «сушу», на светлые и темные мысли называется – *осознание зла*.

Это такое состояние, когда ты явственно понимаешь, что в тебе присутствует зло, которое необходимо исправить, иначе никогда не достичь духовного мира. Если желание обрести духовный мир уже «живет» в твоем сердце, не давая покоя, то ты будешь искать любые способы, чтобы очиститься от зла. Однако первый твой шаг есть по-прежнему выявление зла в себе, осознание его.

ОСОЗНАНИЕ ЗЛА

Осознание зла происходит с помощью изучения каббалистических книг, написанных каббалистами, которые находятся на высоких духовных ступенях. В этих книгах присутствует особое свечение, и ты невольно притягиваешь его к себе, пытаясь понять смысл изложенного. Очень скоро ты начинаешь чувствовать, что противоположен этому свечению, которое олицетворяет бескорыстную отдачу и любовь. Благодаря ему ты чувствуешь, что эгоистичен, и стремишься использовать окружающих ради собственного благополучия. В этом свечении – покой и безопасность, тебя же снедает беспокойство и тревога; в нем – бесконечная, счастливая жизнь, а ты влачишь существование, полное страданий, итогом которого является смерть.

Ты хочешь слиться со Светом. Делаешь это целью, понимая, что такое слияние возможно, но как очиститься и уподобиться Свету?!

Если ты продолжаешь, пусть пока неосознанно, «примерять» на себя все, о чем говорится в этих книгах, пытаешься понять, что они написаны о тебе и для тебя, то уже спустя очень короткое время ты почувствуешь, как меняется окружающий мир. Это и означает, что начинается процесс твоего очищения от зла – и ты продвигаешься навстречу Свету.

Необходимо сказать, что на этом пути неизбежны ощущения падений.

Как же удержаться и в такие моменты не сказать: «Все равно я ничего не достигну, человек слаб и пусть занимается земными делами, даже не мечтая о вечном счастье, и вообще, у меня нет сил, я устал...», – или что-нибудь в этом роде. Как достойно преодолеть эти разрушительные состояния? Такое средство есть, ты еще узнаешь об этом, а пока прислушивайся к себе, ведь от этого зависит твоя духовная жизнь.

Постепенно ты научишься анализировать, какие из твоих свойств относятся к духовным, а какие – к животным, то есть что дает тебе ощущение жизни, а что – смерти. Вот тогда ты почувствуешь особенно ясно, что к тебе пришло осознание зла. Это и есть настоящий прорыв в духовное измерение, который означает, что тебе обязательно дадут лекарство.

ВОЗВРАЩЕНИЕ К «НЕБУ» И «ЗЕМЛЕ»

Запомни следующие каббалистические понятия, сейчас они тебе понадобятся.

«Небо» – это свойство отдачи, приобретая которое, творение наполняется светом милосердия, наслаждением от сходства с Творцом.

«Небом» называется искра Творца в тебе – крупица абсолютной самоотдачи и Любви, которую ты обнаруживаешь в себе.

Именно благодаря свойству «неба» в тебе ты испытываешь беспокойство, все ищешь и ищешь нечто такое, что отсутствует в этом мире.

«Земля» – это твои эгоистические желания. На них-то и строится весь этот мир.

Вот между двумя полярными свойствами – «небом и землей» – и находится душа.

Она колеблется, словно «подвешенная на резиночке».

Пребывая в поле этих сил, душа в моменты подъема приближается к небу, к отдаче, к Творцу, и тогда ты словно паришь от переполняющего тебя счастья. В моменты падений душа опускается к земле, к желаниям тела, к эгоизму, и тогда ты полон бытийных забот, расчетов, опасений за будущее и абсолютного неверия.

Это можно уподобить тому, как человек при ходьбе удерживает в равновесии тело, ступая поочередно то на правую, то на левую ногу.

Так он и исправляется, находя «золотую середину», то есть использует свое природное эгоистическое желание, чтобы, изменив его на альтруистическое, подниматься по духовной лестнице к Творцу, приобретая в конце концов Его свойство отдачи.

Теперь можно сказать, что исправлением является уже само понимание того, что свойство отдачи существует и человек должен его обрести. Для этого ему надо работать со своим эгоизмом, «с землей»... Тогда как раньше такое понимание отсутствовало вовсе. Ты начинаешь жить и приближаться к Бесконечности.

Вся твоя задача состоит в том, чтобы сократить период падения. Не допустить, чтобы он длился месяцами, неделями, даже часами, а превратился в мгновение.

Тебе постоянно надо «выращивать небо» в себе. «Земли» в нас достаточно. «Землей» заполнена вся наша жизнь, мы рождены эгоистами, а вот «неба» в нас – лишь крохотная искорка.

Ее необходимо разжечь.

Вспомни свою «прежнюю» жизнь, когда ты рассматривал окружающий мир сквозь призму «здорового» эгоизма! Тогда любое упоминание о духовном мире казалось чем-то отвлекающим от настоящего дела. «Я тут работаю, – говорил ты, – простраиваю бизнес, делаю карьеру, создаю семью, а они мне о каких-то "небесах" толкуют!»

То есть в твоем мировосприятии духовный мир сводился к некой едва ощутимой точке.

Сегодня же, когда ты пытаешься ощутить его, когда твой словарный запас пополнился новыми понятиями, такими как «земля», «небо», эгоизм, отдача, жизнь, смерть, тайна творения, так как духовный мир сделался для тебя желанной целью, приобрел значимость. Теперь это действительно мир, а не точка. Ты по-прежнему делаешь карьеру, занимаешься бизнесом, строишь дом, но это не мешает твоему продвижению по духовному пути. Ты хочешь жить в двух мирах, и понимаешь, что такое возможно. Каббалистов от всех остальных людей отличает именно умение с помощью альтруистического свойства – «неба» – исправлять эгоистическое свойство души – «землю», а ни в коем случае не подавлять, не искоренять эгоизм.

Все исправление происходит в течение семи твоих состояний, называемых «семью днями». (Теперь ты сам понимаешь, что речь не идет о земных днях, это исправление может произойти в течение мгновения, года, долгих лет, всей жизни или многих жизней — все зависит только от тебя.)

Написано в книге Бытия:

«...собирается вода, что под небом, в одно место, и... обнажается суша...»

Как только в мое сознание начали проникать светлые мысли, о Творце, о Высшем мире, я тотчас же невольно (ведь все познается в сравнении) почувствовал, что состою из противоположных качеств — из всевозможных эгоистических желаний, то есть «из земли». Потому и говорится **«обнажается суша»**. Я задумался о том, что мне надо с ней что-то делать, захотел, чтобы на ней «появилась жизнь», пробились первые ростки отдачи. (Это описывается в Книге Бытия как появление живых и неживых организмов — вот-вот мы дойдем до этого.) Я уже не хотел существовать, как прежде. Просто не мог так жить. В моем сердце «зазвучала» некая точка, непосредственно связанная с Творцом, которая не давала мне покоя. «Сердцем» называются все эгоистические желания этого мира, а «точка в сердце» — это расточек Творца. Еще ее можно уподобить спасительной веревке, которую Творец опускает в наш мир, чтобы мы могли за нее ухватиться и подняться к Нему.

Итак, каким же образом происходит зарождение жизни на земле? Или, говоря каббалистическим языком, как, используя наши эгоистические желания («землю»), взрастить первые ростки отдачи внутри себя, как прорваться через свой эгоизм к Творцу?

Это осуществляется с помощью особого света, который Он посылает.

От Творца нисходит два вида света:

СВЕТ ЖИЗНИ

И
СВЕТ МИЛОСЕРДИЯ
(Именно так это воспринимает творение.)

Так вот, используя свойство света милосердия, который называется «вода», человек овладевает способностью отдавать. Что это означает в нашем «земном» понимании, как этого добиться? Ты должен «промывать» себя чтением книг, оставленных теми, кто уже постиг духовные миры и пишет нам с их высот. Таким образом ты притягиваешь на себя излучение Высшего света, содержащееся в них. В этом, как мы уже говорили, и состоит твоя духовная работа, которая присутствует даже в самом процессе чтения, а уж если ты проделываешь ее с желанием измениться, уподобиться Свету, очиститься от эгоизма, тогда Свет воздействует на тебя с гораздо большей интенсивностью. Именно такое – активное – действие Света и отличает каббалистические труды от всех остальных произведений.

Тогда «на земле и появляется жизнь», то есть ты начинаешь явственно ощущать, как в тебе возникают первые, робкие ростки духовных желаний. Эти желания еще не овладевают тобой полностью, и твое состояние можно сравнить с младенцем, который пока не умеет ходить, но уже сучит ножками. Лучше сказать, ты подобен первым растениям, и так же, как они, не обладаешь способностью передвигаться, но уже тянешься к солнцу. В ночное время ты как бы увядаешь, потому что ночь можно уподобить состояниям падений, которые неизбежны, и означают только одно: ты продвигаешься. (Ведь только тем, кто продвигается, посылают помехи в пути. Они необходимы, чтобы можно было еще и еще раз сделать выбор, то есть провести своего рода «внутреннюю битву» и прийти к молитве: «Я знаю, что наступит утро, и прошу дать мне силы выстоять, преодолеть все падения достойно. Я знаю, что именно сейчас идет "чистка" моих желаний, которые сопротивляются, требуют остановить этот процесс, действуют с помощью логики, взывают к разуму, но я не хочу их слышать. Я прошу у Тебя силы выдержать...») Тогда обязательно наступает утро (состояние подъема, уверенности в том, что ты поступил правильно, избрав духовный путь), и ты, как растение, раскрываешься навстречу свету.

Снова и снова повторим:

«Земля» – эгоистическое свойство – наша природа. Мы знаем уже, что работать с ней (возделывать ее) надо осторожно.

Знаем мы также, что «вода» (свет милосердия) – наш основной помощник, она исправляет эгоизм, – пропитывает землю и создает условия для зарождения на ней жизни. (Жизнью называется свойство отдачи, то есть правильное использование эгоизма – во благо себе и другим.)

Ты спросишь, что такое «исправленный эгоизм»? Это состояние, при котором ты испытываешь блаженство оттого, что доставляешь наслаждение окружающим нас людям, а не оттого, что используешь их для самонаслаждения. Только в таком состоянии, свойственном уже миру духовному, ты сможешь его ощутить.

Что ты видишь в нашем мире? Перед твоим взором предстают всевозможные предметы, объекты, растения, тела...

Как ты относишься к ним? Ты любишь их, если они доставляют тебе приятные ощущения, и ненавидишь, если не получаешь от них никакого наслаждения. То есть ты пребываешь с ними в абсолютно эгоистической связи.

Что же происходит, когда ты исправляешь свой эгоизм и даже когда только приступаешь к его поэтапному исправлению?

Ты вдруг начинаешь замечать то, чего не видел прежде. Перед тобой предстает истинный мир, который в действительности существует и всегда существовал вокруг тебя.

Мир полный Света, Любви, взаимной Отдачи. Мир Творца. Так называемый будущий мир.

Ты не видел его, потому что был полон тьмы и ненависти, его застилал от тебя твой эгоизм.

Твой мир и «мир будущий» ни в коем случае не могли соприкоснуться, потому что существуют они по разным законам.

Многие ошибочно полагают, что «будущий мир» – это то место, куда попадает человек после смерти.

Нет, мир называется «будущим», потому что это твое следующее состояние, и достичь его необходимо не после смерти, а при жизни, здесь и сейчас.

Именно в тот момент, когда ты начинаешь соответствовать «будущему миру», ты обретаешь способность его видеть.

Ты словно «выходишь из себя», оставляешь свое эгоистическое тело и открываешься навстречу новому миру. В нем действует только один закон, – закон Отдачи, и ты стремишься к нему, ведь там живут только на основе взаимной Любви. Ты тоже желаешь этого... и вот тогда-то ты начинаешь воспринимать не предметы нашего мира, не тела и объекты, а силу, которая управляет всем этим, потому что постепенно достигаешь соответствия этой силе. Стремясь к добру, ты видишь, что она и есть абсолютное добро. Она и есть Творец.

Так ты приходишь к восприятию подлинного, истинного Света, именно такого, каким он исходит от Творца. Ты словно выходишь Ему навстречу, прежде чем Он успеет войти в тебя, наполнить тебя. Он еще не ослаблен твоими эгоистическими фильтрами, он еще чист, этот Свет Творца, и тебе дана возможность почувствовать Его. Само по себе уже счастье, что ты в состоянии уловить его. Это называется *услышать призыв Творца*.

Позже, когда он проходит систему твоих фильтров, от Него в конце концов остается только чуть теплящееся свечение – такое ослабленное, какое в состоянии вынести «неисправленный» человек.

Именно это свечение ты и чувствовал раньше как свою точку в сердце. Каббалисты называют его «тонкой свечой».

Как ты уже понял, это свечение просачивается в наш мир сквозь толщу эгоизма, заслоняющую его.

Оно поступает сюда только для того, чтобы поддерживать жизнь в нашем мире. Именно Оно и есть то наслаждение, которое «прячется» за всеми предметами нашего мира. Этот слабенький Свет облачается во всевозможные одежды этого мира. А ты-то думал, что наслаждаешься хорошей пищей, новой машиной, славой, богатством!? Нет! Это все Он – Свет – притягивает тебя! Это Он дарит наслаждение!

Ты спросишь, что бы было, не будь Его?

Не существовало бы нашего мира. Ни у кого не возникало бы желания жить. Потому что не было бы никаких желаний.

Однако то, что у тебя сейчас есть желание (и еще какое!) постичь всю глубину происходящего с тобой, говорит только об одном (пожалуйста, не пугайся!) – что ты большой эгоист, гораздо больший, чем все остальные, – им достаточно этого мира, тебе же подавай духовный! Это очень хорошо, и означает, что ты не успокоишься, пока не раскроешь его. Именно этого и хочет от тебя Творец.

Итак, третий день – рассказ о твоих новых желаниях.

ДЕНЬ ТРЕТИЙ

«/11/ И сказал Всесильный: "Да произрастит земля зелень, траву семеноносную, дерево плодовитое, производящее по роду своему плод, в котором семя его на земле"; и стало так. /12/ И произвела земля зелень, траву семеноносную по роду своему и дерево плодовитое, в котором семя его по роду его. И увидел Всесильный, что это хорошо. /13/ И был вечер, и было утро: день третий».

Как мы уже говорили, после исправления «водой» (светом милосердия) «земля» (твое желание получить) становится пригодной к плодоношению, потому что в ней соединились и свойства «воды», и свойства «земли», перемешавшиеся меж собой.

Обильная вода сама по себе так же губительна для жизни, как и сухая земля. Вспомним Ноя и потоп...

Именно на оптимальном сочетании внутри души человека альтруистических и эгоистических свойств, «неба» и «земли», Творца и творения, построено исправление.

Такое исправление называется движением по «средней линии». Запомни это определение!

Наша естественная эгоистическая природа называется «землей» или левой линией.

Правая линия – это свойство Творца, «воды», абсолютной отдачи.

Средняя же линия – это то, что должен сделать сам человек, соединив в себе правую и левую линии.

То есть следует взять столько «воды», чтобы в сочетании с «землей» оба свойства дополняли друг друга и давали возможность «плодоносить».

Попросить надо дождь, а не ливень, понимая, что ты еще не в состоянии стать таким, как Творец, отдающим, но уже готов продвигаться поступенчато, исправляя сначала свои маленькие (легкие) эгоистические желания, как написано: **«И произвела земля зелень, траву семяносную по роду своему...»**, потом более грубые, **«...и дерево плодовитое, в котором семя его по роду его...»**, затем еще более грубые и так далее... до абсолютного исправления, когда у тебя полностью откроются глаза, – и ты увидишь перед собой прекрасный мир, приготовленный тебе Творцом.

«Дождь просить» – чтобы на сочетании этих двух свойств («воды» и «земли») выросло в конце концов, «Древо Жизни» – духовный Человек, ощущающий все мироздание, вечно и счастливо существующий во всех мирах.

Вечно – потому что, отождествляя себя не с временным телом, а с бессмертной душой, человек начинает ощущать себя как душа, мы говорили об этом, а свое тело воспринимает как преходящую, сопутствующую ей оболочку. Этот переход – к отождествлению себя с душой вместо тела – сугубо внутренний, и он происходит по мере овладения свойством отдачи, в процессе правильной работы над каббалистическими книгами.

ДЕНЬ ЧЕТВЕРТЫЙ

«/14/ И сказал Всесильный: "Да будут светила в пространстве неба для отделения дня от ночи, да будут они знамениями и для времен, и для дней и годов. /15/ И да будут они светилами в пространстве небесном, чтобы светить на землю"; и стало так. /16/ И создал Всесильный два светила великих: светило большее для владения днем, и светило меньшее для владения ночью, и звезды. /17/ И поместил их Все-

сильный в пространстве небес, чтобы светить на землю, /18/ и чтобы владеть днем и ночью, и чтобы отделять свет от тьмы. И увидел Всесильный, что это хорошо. /19/ И был вечер, и было утро: день четвертый».

Хочу напомнить: Человек (Адам) внутри тебя пока еще не рожден. Речь идет только о *создании среды,* где он родится и будет жить. Что такое «среда»? Это силы, которые будут влиять на Человека. Силы Творца. Они существуют только ради того, чтобы привести его к Цели творения, к единению с Творцом, к бесконечному счастью. (Мы где-то уже слышали, что «человек рожден для счастья!». И это действительно так.)

Какие же силы проявились на четвертый день?

«...И сказал Всесильный: "Да будут светила в пространстве неба для отделения дня от ночи"...»

Они будут управлять «ночью» и «днем» – состояниями человека, которые он преодолевает на пути к Творцу. Уверен, ты уже испытал на себе периоды постоянных подъемов и падений, это и есть «день и ночь».

«День» – подъем, когда присутствует уверенность, что ты на правильном пути, окрыляет надежда, что вот-вот откроются перед тобой двери в духовный мир... «Ночь» – падение, когда ничто не радует и кажется, что никакого духовного мира нет и в помине, а все придумано... «Какая усталость!.. Зачем только я трачу жизнь на эту ерунду?..»

Такие вопросы подбрасывает тебе твой эгоизм. Он находит точный момент для атаки, потому что знает, если ты выдержишь и прорвешься в духовное измерение, то выскользнешь из его рабства. Конечно же это для него нежелательно. Вот и приходят небезызвестные вопросы: «На кого ты работаешь?», «Разве ты видишь Его?», «Где твой разум?». «Оглянись вокруг, все живут спокойно, наслаждаются жизнью, а ты рвешься к чему-то несбыточному!»... Словом, не будем повторяться, все и так понятно.

Хотелось бы посоветовать только одно – в момент, который называется «ночью», рядом с тобой должны быть люди, которые, так же как и ты, ищут путь в духовный мир. Твои единомышленники. Они поддержат тебя, возьмут на себя удар эгоизма, и ты поймешь, что не один, а вместе вы – выстоите.

Еще один полезный совет: ложись спать. Потому что наступила ночь. Что значит «спать»? Это означает – отключиться от всех докучливых вопросов, не слышать их, не оглядываться вокруг, пропустить этот период, – все равно «темно на дворе». «Ложись и спи», чтобы твоя голова (мысли, расчеты) и тело (желания), находились на одном уровне, словно у животного. То есть ты ничего «не принимаешь, не пропускаешь в себя». Ты как бы «отменяешь», аннулируешь себя... пережидаешь, набираешься сил. Ни мыслей, ни решений, ни движения... и это правильно. Вот-вот придет утро. И ты знаешь это.

«Утро» – это новый подъем. Выход из состояния падения.

Ты можешь – спросить почему же Творец посылает нам эти состояния подъемов и падений? Неужели нельзя было сразу одарить нас всем хорошим, как Он и планирует сделать в будущем, не мучая, не подвергая сомнениям?

Да, потому, что тогда не было бы никакого продвижения. Без смены состояний его нет.

Только в преодолении рождается подлинный «человек», настоящий «мужчина». Повторяю, мы постоянно говорим только о том, что происходит у нас внутри, а там сосуществуют «мужчина» и «женщина». Так вот, об этом «внутреннем мужчине» (гевер), что на иврите означает «преодоление» (итгабрут), и идет речь.

Например, попробуй давать своему ребенку все, что он только пожелает.

Он перестанет развиваться и вырастет распущенным, капризным, эгоистичным, не сочувствующим чужим страданиям, холодным человеком. Тебя это устроит?.. Поэтому ребенок и должен пройти через все то, что ему предписано. Для каждой души определен абсолютно свой, личный путь к Цели.

И еще, если бы Творец поместил тебя сразу в лучшее состояние, Он подавил бы тебя Светом. Ты был бы лишен любой свободы выбора, ты стал бы рабом этого состояния. Кто же захочет отказаться от абсолютного счастья?! Но таким ты не нужен Творцу. Ему не нужен раб Света. Ему нужен друг, равный, а таким ты сможешь стать, только если пройдешь все состояния и сам выберешь Творца.

Твоя задача состоит в том, чтобы за «смертными» телами ощутить бессмертную душу, – и тогда все вопросы немедленно отпадут сами собой, и ты увидишь, какое добро исходит от Творца и что у Него к каждой душе особый подход. Он постоянно с нами, надо только довериться Его воспитанию, надо уподобиться ребенку, воспринимающему советы любящего отца. Ведь ребенок знает, что может положиться на отца во всем и вверяет себя его попечению.

Недаром говорится в этой главе, что светила, определяющие день и ночь – то есть мои состояния, – располагаются на небе. **«И да будут они светилами в пространстве небесном, чтобы светить на землю».**

«Небо» – мое свойство отдачи, свойство Творца. Поскольку «светила находятся на небе и освещают землю» (эгоистические желания), то выходит, что эгоистические желания подчиняются «небу», альтруистическому свойству в нас, Творцу.

«И поместил их Всесильный в пространстве небес, чтобы светить на землю, /18/ и чтобы владеть днем и ночью, и чтобы отделять свет от тьмы...»

Получается, что «небесные светила» – и только они – влияют на смену наших состояний, отделяют их друг от друга. **«...И чтобы владеть днем и ночью, и чтобы отделять свет от тьмы...»**

Повторим еще раз: в этом ветхозаветном тексте дается описание мироустройства, в котором будет обитать Человек. «Человек» в тебе, Адам. Небосвод, земля, светила суть альтруистические и эгоистические свойства, внутри которых он станет существовать.

Творец будет стремиться привести Человека к постижению духовного мира. Для этого нам необходимо соотнести себя со своими внутренними свойствами, с «Человеком» внутри нас. Если у нас получится сделать это, то мы пройдем вместе с Ним все уготованные нам состояния – и «день», и «ночь», и «утро», и «вечер», – как духовные, призванные привести к Бесконечности, к существованию в Высшем мире.

«...да будут они знамениями и для времен, и для дней и годов...»

Когда говорится о времени, нужно помнить, что речь не идет о наших земных днях, месяцах и годах, – нет времени в духовном мире. Какое время может быть в бесконечности!? Ты уже связан с вечной, бессмертной душой, так о каком времени может идти речь?!.. Есть только *смена состояний*. Движение по духовной лестнице вверх, все выше и выше.

Тогда «день» олицетворяет смену состояния – подъема и падения в пределах одной ступени («утро», «день», «вечер» – это все «один день») перед переходом на другую ступень...

Месяц – «ходеш» от слова «митхадеш» – «обновление» – возращение к прежнему состоянию, но на другом уровне, обновленном, более высоком, уже пройдены 30 подъемов и падений..., тебе каждый раз добавляется работа с твоим эгоизмом, ты падаешь, справляешься и снова поднимаешься по лестнице...

Год – «шана» от слова «лешанен» – «возвращение» – это как движение по спирали, возврат к тому же состоянию, но на более высоком уровне. Так или иначе идет подъем. Цель ясна.

«Дни», «месяцы» и «годы» существуют в тебе. Ты «проходишь» их, исправляя свои новые и новые эгоистические желания, от легких к более трудным.

Для исправления одних нужен «день», других – «месяц» или «год»... Однако движение неизменно направлено вверх.

ДЕНЬ ПЯТЫЙ

«/20/ И сказал Всесильный: "Да воскишит вода кишением живых существ и птицы да летают над землею по пространству небесному". /21/ И сотворил Всесильный больших морских животных и все существа живые, пресмыкающиеся, которыми воскишела вода, по роду их, и всех птиц крылатых по роду их. И увидел Всесильный, что это хорошо. /22/ И благословил их Всесильный, сказав: "Плодитесь и размножайтесь, и наполняйте воду в морях, и птицы да размножаются на земле". /23/ И был вечер, и было утро: день пятый».

Книга Зоар описывает каждый день творения как «возведение залов» внутри человека, так называемых «небесных чертогов» («эйхалот» – пустоты желаний). Эти пустоты по мере исправления эгоистических свойств души на противоположные постепенно заполняются Высшим светом. Именно к этому подсознательно стремится человек. Этот Высший свет отчасти, в очень незначительной степени, ощущают люди, прошедшие через клиническую смерть и рассказывающие потом об особом, чудесном, неземном ощущении покоя и радости. Постепенное наполнение пустот приводит все души к состоянию окончательного исправления и совершенства.

В главе «Язык ветвей» мы говорили, что силы Творца описываются словами нашего языка, в Книге Бытия, например, они названы рыбами, земноводными и так далее... «**...Да воскишит вода кишением живых существ и птицы да летают над землею по пространству небесному...**»

Читая эти строки, ты должен отчетливо представить себе все действия, которые тебе необходимо совершить для собственного исправления. Разберем слово «рыба» («даг»), образованное от слова «даага» – «забота». Значит, встречая его в тексте, ты должен знать, что речь идет не о рыбах, плавающих в воде (ты помнишь, что вода – это свет милосердия), а о заботе. О чем тебе следует заботиться? Только об одном – о сближении с Творцом. Другой заботы у тебя быть не может. Именно об этих желаниях – желаниях войти в духовный мир – все время идет речь в Книге Бытия.

Однако мы пока должны понять «простую» вещь – все желания находятся внутри нас. Мы переполнены ими. В неисправленном виде они выглядят как предметы и объекты нашего мира, в исправленном – это силы Творца, управляемые Его Светом.

Так вот, на пятый день речь идет о желаниях, исправлением которых ты должен заняться в первую очередь, потому что они более «легкие», иначе говоря, легче поддаются исправлению, – «...**и птицы да летают над землею по пространству небесному**...». Эти «птицы» *соприкасаются* с «землей» (с твоей эгоистической природой), а не «произрастают» из нее, но и они подлежат исправлению, опираясь на эгоистическую природу, – «...**и птицы да размножаются на земле**...».

Так же должен продвигаться и ты, уважаемый читатель, вычленяя в себе эгоистические желания, к которым можешь присоединить альтруистическое намерение и стараться исправлять их. Не надейся, что это получится у тебя сразу, с самых первых шагов на этом пути. Для начала попытайся только *думать* об этом. Думать и читать каббалистические книги. В основном труды Бааль Сулама, который взял древнейшие каббалистические источники, времен Авраама, Моисея, Ари, и адаптировал их для нашего поколения.

Однако вернемся к Книге Бытия. Теперь наступает черед исправления более «трудных» желаний, которые уже связаны с «землей». Они как бы порождены ею, «произросли из земли».

Образуются новые пространства, («эйхалот» – «чертоги»), которые по мере исправления этих более «трудных» эгоистических желаний будут заполняться Светом.

Наступает день шестой.

ДЕНЬ ШЕСТОЙ

«/24/ И сказал Всесильный: "Да произведет земля существа живые по роду их, скот и гадов и зверей земных по роду их"; и стало так. /25/ И создал Всесильный зверей земных по роду их и скот по роду его, и всех гадов земли по роду их. И увидел Всесильный, что это хорошо».

Творец создал только одно желание. Желание насладиться. Однако оно настолько всеобъемлюще (ведь речь идет о бесконечном блаженстве, и именно это является целью создания человека – безгранично насладить его), что привести нас сразу к конечной цели невозможно, необходимо делать это поэтапно. Потому-то в нас *желание насладиться* расщепляется на массу более мелких, исправляя которые одно за другим, от «легкого» к «тяжелому», мы сможем прийти к бесконечному блаженству, абсолютному, постоянному наполнению, которое уготовлено нам Творцом.

(Для тех, в ком проснулась точка в сердце, стремление к духовному наслаждению, работа со своими желаниями превращается в увлекательнейшее путешествие в высший мир.)

Далее в Книге Бытия описывается, что мы преодолели этап исправление «легких» желаний, и теперь наступает черед заняться более «тяжелыми», теми, которые «вышли из земли».

«Да произведет земля существа живые по роду их...»

Как ты уже знаешь, читатель, идет активная подготовка к рождению «человека» внутри тебя. В ходе этого процесса возникают новые и новые желания, но они пока не используются для личного наслаждения.

«...И увидел Всесильный, что это хорошо».

Слово «хорошо» означает, что эти желания действительно чистые.

Однако кто может использовать их для себя? Только человек. Вот и наступает его черед «родиться».

Внутри тебя рождается «Человек».

«/26/ И сказал Всесильный: "Создадим человека по образу Нашему, по подобию Нашему, и да владычествуют он над рыбой морской и над птицами небесными и над скотом и над всею землею и над всеми гадами, пресмыкающимися по земле". /27/ И сотворил Всесильный человека по образу Своему..."

То есть рождается «человек в тебе», который будет властвовать над всеми желаниями, «...и да владычествуют он над рыбой морской и над птицами небесными и над скотом и над всею землею и над всеми гадами, пресмыкающимися по земле...». Все эти желания созданы именно для него. «Человеку в тебе» предстоит проделать непростой путь, чтобы понять, что власть над ними не означает *использовать для себя*, иначе он только навредит и себе, и миру. Напротив, использовать желания надо таким образом, чтобы приносить радость другим. Потому что по отношению к желаниям других людей ты (и я, и они) всегда свободен, ты четко отделяешь себя от окружающих, ты ясно понимаешь: это – я, а это – они.

Об этом речь еще пойдет. Теперь же крайне важно понять: когда ты начинаешь ощущать вокруг другие души, то начинаешь чувствовать себя по отношению к ним как Творец. Именно в этом и заключается для тебя возможность стать свободным, то есть уподобиться Творцу. К этому мы обязательно придем все вместе, и поймем, *что* надо делать, чтобы радовать Дающего.

Вернемся же пока к ситуации, которая описывается в Книге Бытия. До «рождения человека в тебе», ты был наполнен только неживыми, растительными, животными желаниями. Что это означает?

Есть очень простое объяснение. *Неживое желание* – это когда ты хочешь только одного – лежать, не думая ни о чем, словно камень у дороги, ничего не слыша, ни на что не реагируя, с единственной мыслью: «Оставьте меня в покое». Или сидеть перед телевизором, вытянув ноги, лузгая семечки и пропуская через себя «экранную жвачку», только потом понимая, что все это время было убито впустую. Вспомни, сколько раз ты оказывался в таких состояниях!

Растительное желание – это когда ты реагируешь на внешние раздражители, но еще не двигаешься с места, как привязанный к земле (связанный эгоизмом). Ты уже тянешься к солнцу, подобно растению, то есть, в тебе наблюдаются побуждения двигаться, подъемы и спады, как у растения, которое распускается днем и никнет ночью. Ты уже начинаешь задавать вопросы: «Почему я страдаю?» Ты тянешься к Свету, просишь «полить тебя водой».

Однако все, чем ты пока обеспокоен, – это своим ростом, ты потребляешь, ты не камень, и это уже прогресс...

Животное желание – это уже передвижение и поиск пропитания. Чтобы получить все это, тебе необходимо поработать. Может быть, стоит даже соединиться с себе подобными, сбиться в стаю, сгруппироваться, понимая, что так проще добыть пищу. Ты озабочен продолжением рода и воспитанием потомства.

И вдруг в тебе пробуждается самое сложное, самое высокое желание, включающее в себя все остальные, которое называется «Человек внутри нас».

Человек в переводе означает Адам.

Слово «Адам» происходит от слова «домэ» – подобен, похож...

Кому подобен?

Подобен Творцу.

В чем подобен?

В своих свойствах.

Свойства Творца – полная отдача, абсолютная, безграничная любовь. Именно таким хочет и должен быть Адам, ощущающий Творца (мы постоянно повторяем, и будем повторять, пока это эти свойства не станут сначала привычными, потом понятными, а уже затем прочувствованными нами...). Таким должен стать человек, и только тогда он окажется в Райском саду, то есть будет соответствовать саду и его Хозяину... Позже мы поговорим на эту увлекательнейшую тему, – где же в нас «Райский сад» и Адам в нем.

Из вышесказанного получается, что только тот, кто стремится быть подобным Творцу, родиться духовно, может называться Адам – Человек (подобный Творцу). Только о нем идет речь на протяжении всей Книги, и только стремящийся к этому состоянию может научиться ее читать.

Все остальные будут видеть в изложенной истории всевозможные поучительные рассказы о том, как приспособиться в жизни, как вести себя, чтобы преуспеть.

«Адам» – именно такое желание родилось в тебе, поэтому ты и продолжаешь читать этот текст. Все предыдущие желания тебя уже не удовлетворяют... Ты «отлежал свое» перед телевизором, тебя уже не привлекает богатство или изнурительная работа ради славы и почестей...

Что это означает? В тебе «проснулась» некая точка, которая называется «Адам в тебе» или «точка в сердце». Она соединена с Творцом и хочет быть подобной Ему, потому что от Него произошла.

Отсюда и говорится в Книге Бытия: «Создадим человека по образу Нашему, по подобию Нашему».

«По образу и подобию» – в оригинале звучит «Бе целем».

«Целем» (образ Высшего) – это часть Творца (Высшая ступень), которая спускается в душу человека и привносит в нее свойства Творца.

Иными словами, это аппарат Высшего управления, командующий всеми душами, их путями и порядком исправления.

Этот аппарат управления соединен напрямую с «точкой в сердце» человека, с Адамом в нас.

Как мы уже говорили, сердцем называются все наши земные эгоистические желания, а «точкой в сердце» – желания, направленные на постижение духовного мира. Точка эта не связана с сердцем. Она дана нам Творцом и присутствует в каждом из нас, только пробуждается не сразу.

Почему это всего лишь точка? Да потому, что духовные желания пока еще не развиты в тебе. Они как ребенок, делающий первые шаги, поэтому и считаются «точкой».

Твой «Адам» делает первые шаги. Он непосредственно, напрямую соединен с «родителями» (с Творцом), он не может обходиться без этой связи. Он хочет вырасти и стать таким же, как его «родители».

Как мы уже говорили, через эту точку Творец соединяется с нами и начинает «строить» в нас свой образ, присоединяет нас к своему аппарату управления.

Повторим еще раз, для чего создан этот аппарат.

Для того, чтобы дать тебе информацию о программе творения, о пути, который ты должен пройти. Без восприятия духовных миров ты не знаешь, как поступать, как сделать следующий шаг, не понимаешь, что от тебя требуется. Поэтому постоянно ошибаешься и страдаешь. Ты, как слепой котенок, в огромном мире. Именно для того, чтобы обрести все свойства, необходимые для продвижения, высшая ступень должна тебя научить, показать, *как* и *что* следует делать. Для этого и нисходит из нее вспомогательное устройство, называемое «Целем».

Оно вселяется в душу и вызывает там все необходимые исправления. Поэтому сказано, что с помощью образа Высшего создается Человек – Адам. Он становится самым главным созданием. Венцом творения.

ОТВЕТСТВЕННОСТЬ ЗА МИР

«...и да владычествуют они над рыбой морской и над птицами небесными и над скотом и над всею землею и над всеми гадами, пресмыкающимися по земле. /27/ И сотворил Всесильный человека по образу Своему...»

Получается, что, исправляя в себе эгоистические желания (неживое, растительное, животное), ты исправляешь и все мироздание. Пока лишь запомни это утверждение, позже мы объясним его, и ты увидишь, как именно от твоей работы над собой зависит все, что случается вокруг тебя.

На человека возложена огромная ответственность за происходящее в мире. Пока он этого не понимает и живет, движимый животными желаниями, то спросить с него нечего, а когда поймет, вот тогда-то и начинается настоящая работа, та, ради которой он был создан.

«Что же получается? – спросишь ты. – Если я двинусь по пути исправления (прежде всего, не «если», а всем *придется* «двинуться» рано или поздно), то тем самым я автоматически исправлю и всю окружающую меня природу?» Ответ: «Да. Все, что случается с природой, есть отражение того, что происходит внутри человека. Грядущая экологическая катастрофа, загрязнения рек, морей, гибель животных, ураганы и все другое – это отражение нас самих, нашей эгоистической сути, рабами которой мы являемся. Внутри нас весь мир, и он ждет, когда мы поймем, что ответственны за все происходящее в нем, поймем и исправимся».

Например, есть скала, назовем ее «Творец». В этой скале имеется столько-то процентов сланцев, столько-то извести, столько-то золота и столько-то других минералов... Вопрос: «Сколько процентов этих же пород есть в осколке скалы?» Ответ: «Столько же». Ведь этот кусочек – ее часть, и он подобен по составу всему монолиту. Поэтому геологам достаточно отколоть камешек породы, чтобы понять, что в ней присутствует. Каждый из нас – осколок от «скалы», то есть от Творца. В нас «содержатся» те же свойства Любви и Отдачи, какие существуют в Нем. Только мы откололись от Него. Что заставило нас сделать это? Нас «отколол» эгоизм – свойство, абсолютно противоположное Творцу.

Как вернуться к Нему? Очень просто: в то мгновение, когда мы поймем, что противоположны и захотим вернуться Домой, к Творцу, мы и начнем путь обратно. Основное на духовном пути – захотеть! Однако желание это должно быть прочувствовано нами по-настоящему, до самого конца, до боли, до крика!

Всем правит только желание. Оно – основа всего в мире. Твоя задача снова прилепиться к Творцу. Если есть такое желание, то ты увидишь, что будет происходить с тобой. Ты начнешь выходить из рабства себялюбия и сразу же ощутишь, что станет с окружающей природой. Не понадобится созывать конгрессы экологов, создавать движение «зеленых» или организации по охране вымирающих видов животных. Человек поймет, что все завязано на нем. Надо подняться над эгоизмом. Начать движение к Творцу, к чему и призывают все великие книги, написанные каббалистами. Все тотчас же изменится.

Тогда-то мы поймем еще одну истину.

Творец сотворил нас «по образу Своему и подобию».

И мы никогда не выходили из этого состояния.

Что значит «по образу Своему и подобию»? Это означает, что Творцом, или свойством отдачи (что одно и то же), создан мир, который существует в рамках закона отдачи. Если мы созданы по образу и подобию Творца, то мы живем в этом мире, он присутствует в нас, но только в том случае, если мы соблюдаем закон этого мира – закон отдачи.

Мы находились и находимся в «Райском саду».

Мы не видели и не ощущали этого только потому, что наш эгоизм мешал нам это увидеть, почувствовать, отрывал от нас Истинную картину и рисовал свою, ложную, эгоистическую.

Человек смотрит на мир изнутри.

Мы грязны, и мир кажется нам таковым.

Мы чисты, и мир вокруг нас чист.

Мы жили во лжи и теперь хотим прийти к Правде.

Если такая мысль уже живет в нас, тогда – вперед! – к выходу из темницы.

ДЕНЬ СЕДЬМОЙ

«/1/ И завершены были небо и земля и весь сонм их. /2/ И завершил Всесильный в седьмой день дело

свое, которое Он созидал, и почил в день седьмой от всего произведения Своего, которое Он созидал. /3/ И благословил Всесильный день седьмой и освятил его...»

Вся работа человека, именно для которой он и рождается, заключается в приобретении им свойств Творца, свойств отдачи. Человек исправляет себя с их помощью и по мере исправления поднимается все выше и выше по духовной лестнице к совершенству и бесконечности, становясь все ближе и ближе к Творцу.

Что мы делали в течение шести предыдущих дней, или шести ступеней исправления? Мы, условно говоря, рассматривали свои эгоистические желания сквозь призму свойства отдачи. На каждой ступени мы сравнивали себя с Творцом и видели, что нам предстоит еще много работать над собой. Тем самым мы словно углублялись в наше «Я». Шесть «дней» мы продвигались от более «легких» (с точки зрения исправления) желаний к более «трудным».

Эти шесть ступеней продвижения называются на языке каббалы *сфирот*, от слова «сапир», что в переводе означает «свечение». Перечислим их названия: *хэсэд, гвура, тифэрэт, нэцах, ход, есод*.

На каждой ступени свое свечение.

Каббалист – человек, находящийся в связи с духовным миром, – ощущает это очень явственно.

Работая с более «легкими» эгоистическими желаниями, он помещает себя на ступень *хэсэд*. Вся его задача сводится к тому, чтобы «выстроить себя» по отношению к Творцу. Все его помыслы только об одном: «Как сделать, чтобы общение со мной доставляло Ему радость, как мне изменить свое эгоистическое желание на желание отдавать? Он на этой ступени такой Чистый. Отдающий. Я хочу уподобиться Ему, и знаю, что Он хочет того же. Непосредственно, напрямую этого добиться невозможно, в Его Свете я вижу себя насквозь эгоистичным, и понимаю, что такова моя природа. Как же мне ее обойти?..» Рассуждая так, человек, словно говорит Творцу: «Ты же Сам меня создал таким, чтобы я получал наслаждение... Ну, что мне теперь придумать, чтобы я мог получать и вместе с тем отдавать? Потому что в этом и есть *вечное наслаждение*, для которого Ты меня создал, а не для временного, эгоистического, нет! Что придумать *мне*, чтобы радовать Тебя как Отца, мечтающего видеть сына счастливым?»

Ответ заключается в самом вопросе. Получать, чтобы радовать. Как?.. *Изменить намерение*. Надо, чтобы твое намерение не являлось обычным: «Потому что мне хорошо», а стало: «Потому что тем самым я радую Творца». Это возможно только в одном случае, если на этой ступени (например, «хэсэд») ты «видишь» Его, то есть явно ощущаешь, *как величественно свойство отдачи и*, как низменен, пуст эгоизм. Если Творец внемлет твоим просьбам и открывает тебе это понимание, то тогда ты сможешь изменить *намерение*. Захочешь быть отдающим и поймешь, что большей радости для Творца нет. Если так происходит, то это означает, что ты построил *экран*.

ЭКРАН

Экран – это сила сопротивления эгоистическим желаниям. Если ты обретешь эту силу, то ты в полном порядке и уже, не сворачивая, по прямой движешься к Творцу. Тут я обязан сделать некую оговорку: экран невозможно построить собственными силами, его можно только «выпросить» у Творца, или у Высшей ступени, что одно и то же. Высшая ступень в духовном мире – это ступень, находящаяся сразу *над твоим настоящим состоянием*. Она и является для тебя *Творцом*. Ты постигаешь одно из имен Творца. (Помнишь, мы об этом говорили?)

На каждой последующей ступени ты будешь знать о Творце все больше и больше, это и означает, что ты будешь постигать все новые и новые Его имена, пока не дойдешь до полного раскрытия Создателя.

Итак, когда же ты приобретаешь экран? Когда Высший почувствует, что ты готов ради этого на все. Когда у тебя не будет рассуждений типа: «Мне хотелось бы сохранить наслаждение, которое я получаю от успешного бизнеса, хотелось бы иметь побольше денег, ведь это дает ощущение безопасности, а с другой стороны, и духовные ощущения тоже хочется пережить, говорят, что в них есть что-то особенное, да я и сам это чувствую...»

Так не пойдет. Таким образом ты не получишь экран на эгоистические желания. Ты продолжишь «кувыркаться» ради поиска земных наслаждений, потому что тебе с ними комфортно, потому что подлинной просьбы в твоих словах нет. Просьба должна исходить только из сердца, и она – одна: «Дай мне силы быть, как Ты, – отдающим... Помоги исправиться... Умоляю...»

Если это действительно искренняя просьба, ты получаешь экран. То есть ты должен «исправить» эгоистическое желание *намерением отдавать*.

Каждый день ты словно помещаешь свое «Я» в лабораторию Творца и просишь «лекарство» – экран, чтобы наконец открыть глаза и увидеть истинную картину действительности. В этой лаборатории тебе прибавляют эгоистических желаний, и ты должен начать с ними работать, ощутить их, проверить свое отношение к ним, понять, что желания эти очень мощные, а затем попросить экран – *силу*, которая сможет уберечь тебя от падения с этой ступени.

Цель одна – исправить весь свой эгоизм, который подается тебе порциями по мере продвижения вверх, по мере возмужания. Ты постепенно, шаг за шагом, переходишь со ступени на ступень: справился с одной порцией эгоизма – тебе дают возможность подняться, то есть приблизиться к следующим эгоистическим желаниям. Дальше ты уже работаешь с ними, то есть исправляешь свое намерение с эгоистического на отдающее, чтобы сказать: «Я получаю и этим радую Тебя...» На каждой ступени, как мы уже говорили, своя работа, свой экран, новое имя Творца.

Все перечисленные шесть дней творения соотносятся со сфирот следующим образом: «хэсэд» – первый день, «гвура» – второй день, «тифэрэт» – третий день, «нэцах» – четвертый день, «ход» – пятый день, «есод» – шестой день.

Эти шесть последовательных исправлений, называемых шестью днями творения, именуются еще шестью тысячелетиями творения или шестью ступенями углубления в себя, в течение которых человечество работает «в поте лица своего», исправляя свой эгоизм. (Мы живем сегодня в 5768 году, в конце шестого тысячелетия.)

«Что же с последней, седьмой ступенью?» – спросишь ты

СУББОТА – СЕДЬМАЯ СТУПЕНЬ

Последняя, седьмая ступень называется *законченным, самостоятельным творением*, которое само хочет получать и ощущает себя получающим. Это последняя стадия каждой ступени. Наш корень.

Эта ступень не в состоянии исправиться сама, так как является средоточием эгоизма, его основой. Только после того, как она прочувствовала на себе шесть предыдущих исправлений (шесть дней творения), у нее появляется возможность «вобрать» их в себя, то есть получить от них их свойства.

Поэтому задача «седьмого дня» заключается в том, чтобы все накопленное и созданное за шесть дней вошло в законченное самостоятельное творение.

Эта седьмая ступень называется Субботой, – особым днем, потому что в этом состоянии происходит заполнение душ Высшим светом. Единственным условием является «не мешать» этому процессу, что символически выражается в субботних законах... Ты как бы складываешь весла и плывешь по течению. По Свету. Подчиняешься этим законам и тем самым не «включаешь» свой эгоизм. Еще говорится: «Кто хорошо поработал шесть дней, тому будет, что есть в седьмой день», что означает, как ты уже понимаешь: если поработал над своими желаниями, над собой шесть дней, шесть ступеней, шесть тысячелетий, то можешь и обязан получить все, что уготовано тебе Творцом, а это – Высший Божественный Свет наслаждения и изобилия.

СЕМЬ ДНЕЙ ТВОРЕНИЯ

Теперь подведем итог тому, что мы рассказали о семи днях творения. Что должно произойти при правильной работе над собой? Душа должна подняться с эгоистического уровня на уровень отдачи.

Это достигается семью последовательными исправлениями, называемыми «семь дней недели».

Семь – число Божественное. Вся система, управляющая нашим миром, состоит из семи частей. Отсюда в нашем мире происходит деление на 7 и 70: 70 народов мира, 7 дней недели, 7 цветов спектра, 7 нот гаммы, душа человека состоит из 70 частей, жизнь человека исчисляется 70-летними циклами и в 7-м тысячелетии человек получает заслуженное, заработанное вознаграждение.

Напомню, что мы живем сегодня в 5768 году. Так что же мы должны пережить за эти оставшиеся 232 года в ожидании наступления 7-го тысячелетия? Нам надо прожить их безучастно? Нет. Мы в состоянии вмешаться в процесс, запущенный свыше на все 7000 лет, ускорив его. Вмешательство это уже началось. Все мудрецы указывали на один и тот же, 1995 год, с которого начнется процесс сознательного исправления мира. Об этом написано и во многих сочинениях великих каббалистов прошлого, в частности в книге Зоар.

Действительно, с 1995 года все больше и больше людей во всем мире начинают задаваться вопросом о смысле жизни и вставать на путь исправления.

Однако особо выдающиеся личности могут пройти этот процесс индивидуально, они раньше других достигают выхода в Высший мир, ощущения высшей, совершенной реальности. Да и сам путь исправления, если они проходят его осознанно, собственными усилиями, ощущается ими как потрясающее романтическое путешествие.

Именно с этой целью мы изучаем устройство и функционирование всей системы мироздания, чтобы точно знать, где и как можем вмешаться в процесс, изменить что-либо и сегодня, сейчас достичь исправления.

Вообще, напрямую человек не может влиять на свой корень, на источник, из которого он исходит, в силу того что находится на ступень ниже, является производным от него.

Однако, исправляя себя, становясь по свойствам подобным своему корню, человек изменяет в себе ощущение получаемого свыше: вместо постоянных ударов судьбы, неприятностей, повседневных трудностей он начинает испытывать блаженство, покой, совершенство, всеобщее познание.

Творец создал нас в этом мире только для того, чтобы мы освоили мир Высший и стали сами управлять своей судьбой.

ВЫСШЕЕ ЖЕЛАНИЕ

Теперь мы подошли к моменту рождения «человека в себе». В тебе родилось желание, которое называется человеческим. Не будем торопиться и, продвигаясь согласно инструкции, тщательно разберем все, что касается этого желания.

Для этого мы обратимся к древнему устному источнику, дополняющему Пятикнижие Моисея, который называется Мидраш (устная Тора). Он в течение тысячелетий передавался из уст в уста, от учителя к ученикам, и дошел до наших дней вместе с письменным ветхозаветным Пятикнижием. Это не менее уважаемый источник. Так вот, о создании человека там говорится следующее:

«Когда Творец сказал: "Сотворим человека!", – Он обращался к ангелам, чтобы выяснить, что они об этом думают..

Ангелы разделились на разные фракции. Некоторые из них были за сотворение человека, другие против.

Доброта провозглашала: "Пусть он будет создан, ибо станет творить добро". Правда протестовала: "Его вовсе не следует создавать, ибо он будет полон лжи". Праведность настаивала: "Следует его создать, ибо он будет заниматься праведными делами". Мир возражал: "Не создавай его, ибо не будет в нем согласия!" Тора высказалась против: "Властелин Вселенной! Зачем Ты хочешь сотворить этого человека? Его век короток и полон страданий. Он обязательно станет грешить. Давай признаем, не обладай Ты снисходительностью, для него гораздо лучше вовсе не появляться на свет!"

Но Творец отверг возражения всех, кто был против, и решил в пользу сотворения человека. Его окончательное слово звучало так: "Я добр и долготерпелив. Я готов создать человека, невзирая на все его недостатки"».

Что объясняет нам это толкование, передавая содержание «беседы», которую Творец ведет с «ангелами»?

Прежде всего – Кто такой Творец? Творец – это единый Закон природы, Закон отдачи и Любви, существующий вокруг и внутри нас. Он неизменный и вечный. Мы его не ощущаем, потому что живем совсем по другим законам, и вся наша задача только в том и состоит, чтобы выявить его.

«Ангелы» – это силы природы, Творца, которые подчиняются Закону и не имеют возможности действовать или мыслить самостоятельно в чем бы то ни было. Можно сказать, что «ангелы» лишь олицетворяют силы, которые служат Закону отдачи и Любви.

Будем помнить, что Мидраш рассказывает о том, что раскрыли каббалисты, то есть люди, приступившие к исправлениям и обнаружившие внутри себя силу отдачи, называемую Творцом.

Естественно, сразу же проявляются противоположные силы, олицетворяющие человеческую природу, которая насквозь эгоистична, вся зло.

Это можно уподобить лучу фонарика, зажженному в темноте, в свете которого ты вдруг видишь, что находишься в помойной яме. Сначала тебе кажется, что было бы лучше его совсем не зажигать, но нет, хорошо, что зажег, теперь ты, по крайней мере, знаешь, откуда исходит весь этот смрад и почему тебе так плохо тут жилось. Нам надо чистить свою «выгребную яму», обуздывать свой эгоизм. Но как?.. Об этом и рассказывает устное толкование Пятикнижия.

Там говорится, что человек словно «подвешен» между противоположными силами, находясь в некой нейтральной точке, то есть посередине между добром и злом. Он балансирует между ними, а эти силы (не забывайте!) действуют в нем. Мы часто говорим: «Я нахожусь между "небом" и "землей"».

Так вот, в нас присутствуют силы – «ангелы», которые уравновешены с природой и выступают «за создание человека» (в нас); и «ангелы», которые не уравновешены с природой, – они противятся его созданию. Потому что «знают заранее», что человек будет использовать их во зло себе и всему миру. (Однако помни, что все силы: «ангелы», которые «против» и ангелы, которые «за», – являются силами Творца. Вся же эта путаница «задумана» Творцом только с одной целью, – чтобы мы приняли свободное решение: с кем мы.)

Человек рождается эгоистом, то есть он изначально пребывает в несбалансированном состоянии, тяготеет ко лжи, а не к истине, и потому свойство правды, называющееся «печатью Творца», «голосует» против создания человека, для его же пользы, чтобы он не страдал, не мучался, так как не уравновешен с общим законом. **Правда протестовала: «Его вовсе не следует создавать, ибо он будет полон лжи'».**

Доброта провозглашала: «Пусть он будет создан, ибо станет творить добро». Так как именно в силу того, что он эгоист, у него будет возможность по собственному *свободному желанию* (а это очень важно!!!) сначала понять это, а потом вершить милосердие. Благодаря хорошим делам он сможет осознать: *что* есть добро, чтобы затем, в конечном итоге, обрести свойство отдачи и исправить себя. «Ангел» этот словно говорит: «Поскольку я присутствую в человеке – не волнуйтесь, все остальные его свойства будут исправлены».

Однако есть также «ангел мира». **Мир возражал: «Не создавай его, ибо не будет в нем согласия!»** Его возражения вызваны тем, что человек противоположен миру. Он живет для себя, с одной мыслью: все присвоить. О каком же мире может идти речь, если каждый хочет получить только для себя... при этом беззастенчиво используя для этой цели окружающих!

Человек агрессивен, он испытывает удовольствие от несчастья ближнего, стремится причинять вред другому и жаждет накопить больше того, что требуется ему для существования. Своими дурными качествами он приподнимается над животной ступенью, которая существует в согласии с природой, а человек – нет! Лев или корова берет из окружающей среды только то, что им необходимо для поддержания жизни, а он – нет. Природа обязывает животных к такому поведению, а человека – нет. Ни одно свое качество он не использует для того, чтобы достичь мира. Понятие «мир» означает следующее: я беру ровно столько, сколько необходимо для моего существования, а все остальное мне не принадлежит.

Человек так не живет.

Он рожден с утрированным желанием властвовать и подминать под себя весь мир – а это противоположно свойству мира.

Потому «ангел мира» говорит, что человека ни в коем случае нельзя создавать, ведь весь он – раздор и учиняет в мире лишь войны.

Действительно, мы видим, что вся история человечества представляет собой непрерывную череду сражений. Если бы человек постиг себя, то он понял бы, что постоянно, с утра до ночи, думает лишь о том, как использовать других – что и называется войной. (То есть идет постоянный захват чужих территорий, что означает порабощение (использование) моим «Я», «Я» ближнего.)

Весь прогресс человечества на протяжении тысячелетий сводился к развитию средств массового уничтожения. Человек изыскивал способы властвовать, зарабатывать и использовать собственную силу, возвышая ее над силой других людей. Потому и прав «ангел мира», говоря о человеке, что весь он – раздор. Ни одна из его наклонностей не обращена на достижение баланса с окружением, что позволило бы оставлять другим то, что им причитается. Наоборот, всем, что принадлежит другим, человек стремится овладеть и повелевать.

Мидраш говорит, что в таком виде человеку вообще не стоит приходить в мир, что ему лучше не «рождаться на свет божий». Вполне понятно почему, ведь эта Книга – инструкция, и она «живет» внутри человека, но человек сопротивляется ей и не хочет жить «по инструкции».

Итак, «ангелы», противящиеся созданию человека, изначально правы. В исходной ситуации человеку не стоит рождаться, ведь он противоположен всей природе.

Однако, когда он правильно использует свои силы и достигает исправления, тогда, разумеется, весь процесс и вся природа обретает для него смысл, поскольку он становится царем природы и мира. Он стоит вровень с Творцом.

Творец же сказал, что Он готов создать человека, несмотря на все его изъяны: «Я добр и долготерпелив. Я готов создать человека, невзирая на все его недостатки...»

Мы говорили, что Творец – это всеобъемлющий Закон природы, включающий в себя всех «ангелов», все силы и все частные законы. Он говорит: **«Да, Я все-таки за то, чтобы создать человека, потому что вижу его окончательную цель: благодаря предстоящему процессу он обретает ступень Божественности. Такой человек Мне и нужен».** Он исправится. Он освободится от своего эгоизма и придет ко Мне. Однако он придет ко Мне, приняв *самостоятельное свободное решение*, а не просто как раб будет подавлен Моим Светом и это очень важно.

Таким образом, Творец не принимает во внимание момент начала творения и все те состояния, которые мы проходим. Он совершенно не рассматривает их. Он видит нас в конечном состоянии. Ради этого мы и существуем.

Это противоборство, о котором повествует Мидраш, происходит в человеке непрерывно. С каждым шагом, в каждое мгновение жизни человек, по сути, устанавливает равновесие и тем самым ведет к равновесию мир. Он не может не продвигаться и шаг за шагом выбирает путь. Каждый раз его настоящее состояние обязывает его к действию. Человек ежесекундно должен связывать себя с Целью творения, думая о том, почему Творец все-таки предпочел создать его, несмотря на все силы и свойства, противоречащие этому. Оправдывать сотворение себя самого – это, безусловно, цель работы человека.

Так происходит в каждом из нас. Мы лишь должны проявлять чуткость к этому.

ИЗ ЧЕГО БЫЛ СОЗДАН ЧЕЛОВЕК

«...Творец собирался вылепить тело Адама. Вот как Он "работал":

Чтобы изготовить руки и ноги Адама, Творец набрал земли со всех частей света.

Для туловища Он взял земли Вавилонской.

Чтобы изготовить Адаму голову, самую важную часть человеческого тела, Он взял земли из Эрец Исраэль.

Творец положил собранную землю на горе *Мориа*, где впоследствии будет находиться жертвенник Храма, смешал ее с водой, взятой со всех океанов мира, и из получившейся глины вылепил фигуру человека».

Разумеется, Мидраш рассказывает нам не о том, как было создано биологическое тело человека. Речь идет не о глине и почве, которую смешивают с водой, подобно тому, как дети лепят фигурки или как гончары изготавливают свои горшки. Нет... О чем здесь говорится? О том, что человек включает в себя все силы мира. Описывается это такими словами: **«Чтобы изготовить руки и ноги Адама, Творец набрал земли со всех частей света...»** Это означает, что у человека есть желания всего мира («земля со всех частей света»), и если он исправляет их, то тем самым исправляет весь мир в целом.

«...смешал ее с водой, взятой со всех океанов мира, и из получившейся глины вылепил фигуру человека».

Содержащаяся в человеке «вода» олицетворяет *силу отдачи*, альтруистическое свойство, оживляющее все, – она тоже собрана со всего мира. Таким образом, и желания наслаждаться – «земля», и желания отдавать –

«вода» присутствуют у человека в изобилии. Они смешаны, соединены вместе в каждом желании человека. Надо только выявить силу отдачи и исправить с ее помощью силу получения так, чтобы отдача стала доминирующей. Тогда все наши желания наслаждаться, собранные в нас со всех «стран», со всего мира, будут приводиться в действие лишь свойством отдачи.

«...Чтобы изготовить Адаму голову, самую важную часть человеческого тела, Он взял земли из Эрец Исраэль...»

Творец создал «голову» человека из «земли» Израиля, это означает – из *желаний, направленных к Творцу*. То есть все помыслы человека должны быть устремлены на обретение свойств Творца, таким он создан (Исраэль – «исра – Эль» в переводе означает: исра – «прямо», Эль – «к Творцу»). Если этого не происходит, то человек не пребывает в состоянии равновесия, поэтому он впадает в депрессию, пристращается к наркотикам, воюет, оказывается в кризисе...

«Землю» для «тела» человека Творец взял из Вавилона, со ступени, которая тоже относится к свойству отдачи. Не случайно там произошел большой кризис, известный нам под названием «Вавилонская башня», после падения которой все народы мира рассеялись по Земле. Ведь они хотели достичь Божественности с помощью сил получения, а это сделать невозможно. После того как люди рассеиваются и осознают всю несостоятельность своих стремлений, они снова соединяются и выходят на ступень Творца уже с помощью сил отдачи. (Напоминаю, что мы изучаем *корни*, то есть силы Творца, ведь все, что происходило когда-либо на физическом плане, на земле, имеет свой высший духовный корень. Поэтому Вавилонская башня, существовавшая в материальном мире, присутствует и в нас. Как часто мы заявляем, что всего достигнем сами, только своими руками и начинаем возводить в себе «Вавилонскую башню», не замечая, что на самом деле все разрушаем. Мы еще поговорим на эту очень важную тему.)

«...Творец положил собранную землю на горе *Мориа*, где впоследствии будет находиться жертвенник Храма, смешал ее с водой, взятой со всех океанов мира, и из получившейся глины вылепил фигуру человека...»

Где был создан человек? В особом месте, там, где духовное начало соприкасается с материальным, то есть где существует связь между двумя соседствующими ступенями. Однако следует понимать, что, хотя речь идет о двух соседних ступенях, их разделяет бездна. Связь эта означает, что точно над «горой Мориа» духовные сфирот спускаются с небес и соприкасаются с землей. Вся реальность, расположенная над «горой Мориа», называется «духовной»; а то, что находится ниже, называется миром материальным. Вершина горы Мориа – духовный пик, самое высокое место, какое только может быть в этом мире, где потом выстраивается святая святых. Она возвышается над всем материалом этого мира, и там скапливаются самые большие духовные силы. Именно в этом месте и был создан человек, который является «координатором» между материальным и духовным измерением. Оба этих мира – материальный и духовный – присутствуют в нем, и он может создавать равновесие между ними, используя их как единое целое. Тем самым он поднимает всю нашу реальность на духовный уровень.

«...И образовал Бог Всесильный человека из праха земного и вдунул в его ноздри дыхание жизни, и стал человек существом живым».

Не будем забывать, что постоянно говорим только о том, что происходит внутри тебя, а там сейчас «родился человек». Ты прошел этапы развития желаний неживых, растительных, животных, и вот тебя уже не наполняет все, что связано с ними, тебе подавай другой уровень – духовный!

Как только ты поймал себя на такой мысли – это означает, что в тебе заработала точка в сердце и повлекла тебя к Творцу. Если ты не хочешь потратить данный кругооборот жизни впустую, иди за своей точкой, слушай свой внутренний голос... Ты сейчас «на прямом проводе» с Высшим. Ты не для того родился, чтобы просто прожить жизнь и умереть, а для того, чтобы не умирать совсем. Сейчас ты «выходишь» из своего земного эгоизма, из самого низкого состояния: **«...И образовал Бог Всесильный человека из праха земного»**. Он дал «человеку в тебе» почувствовать, что такое настоящее чистое состояние, свойство отдачи, жизнь... (в духовном мире эгоизм – смерть, отдача – жизнь) **«...и вдунул в его ноздри дыхание жизни»**. Ты начинаешь теперь соотносить себя с точкой в сердце, которая потянула тебя к Творцу. Тебе хорошо пребывать в таком состоянии, ты хочешь обрести духовные ощущения. Это означает, что **«...и стал человек существом живым»**. «Человек в тебе» ожил.

Так, иди же за этим «человеком», и он точно приведет тебя в страну, **«текущую молоком и медом»**. Ты увидишь Творца. Что значит «увидеть Творца»? Много имен есть у Него, но одно из них, относящееся к нам, – БОРЭ. Оно состоит из двух слов БО и РЭ. Что в переводе означает: Бо – приди, Рэ – и узри. То есть ты ощутишь Творца, и никто другой не сделает это за тебя.

РАЙСКИЙ САД

«...И насадил Бог Всесильный сад в Эдене с востока, и поместил там человека, которого образовал».

Что такое «сад»? «Сад» – это всевозможные свойства человека, и все они при правильном использовании обязательно дадут ему возможность постичь духовный мир. Этот «сад» (качества, данные человеку) «высажен» только для того, чтобы привести его к Цели. «Сад» находится внутри нас, и заложен он Творцом, а это означает, что все наши свойства – не наша личная заслуга.

Не хочу тебя запутать, читатель, но попробуй вообразить, что люди, которые тебя окружают, вся Вселенная – это твои свойства, которые таким образом проецируются в сознание, в головной мозг. Нам только кажется, что извне нечто существует. На самом деле в результате исправления человек начинает ощущать, что все это – его личные внутренние качества, и они *присутствуют* в нем. Люди, животные, растения, планеты, весь мир, все мироздание пребывает внутри человека. В тот момент, когда человек постигает это, он остается один на один с Творцом и понимает, что, кроме него и Творца, нет ничего. (Не волнуйся, если ты пока не можешь осмыслить сказанного, разбирая как можно более подробно истинный смысл Великой Книги, ты начнешь это все больше и больше ощущать, опираясь на даваемые пояснения).

«...И произрастил Бог Всесильный из земли всякое дерево, приятное на вид и хорошее для еды, и дерево жизни посреди сада, и дерево познания добра и зла».

Видишь, как бы мы ни порицали эгоизм, ни проклинали его, но это наша природа. Наше желание эгоистично. В устном комментарии к Книге Бытия оно называется «землей». Чтобы показать, что все произрастает из эгоизма, там говорится: **«И произрастил Бог Всесильный**

из земли всякое дерево». (Мы учимся понимать тайный смысл Книги, и я умышленно повторяюсь, чтобы закрепить в твоей памяти основные термины, и тогда за земными выражениями и словами ты очень скоро начнешь видеть их внутренний смысл).

Что же означает **«дерево жизни посреди сада и дерево познания добра и зла»?** *Древо жизни* – это высшая часть твоей души, или свойство отдачи, которое притягивает тебя. Оно есть самое внутреннее, сокровенное ее качество, близкое к Творцу, поэтому и написано «посреди сада», то есть находится в центре всех свойств человека. *Древо познания добра и зла* – это низшая часть души, свойства получения, наша эгоистическая составляющая. Здесь можно уже вести речь о добре и зле. Это зависит от того, как ты станешь использовать свой эгоизм, то есть, от *намерения*. Будет ли он направлен та то, чтобы насладиться самому или насладить окружающих, на разрушение, или созидание. Посмотрим, что произойдет дальше.

«А река выходит из Эдена, для орошения сада...»

Что это за река, которая течет из Эдена для орошения сада? Река – это Высший свет. Он изнутри подпитывает твое свойство отдачи, дает уверенность, что можно существовать так, чтобы ничего не желать для себя. Когда я могу сказать, что ничего не хочу для себя? Когда у меня есть возможность все иметь. Вот это ощущение безопасности, покоя и дает мне та самая река (Высший свет), которая орошает все. При ее подпитке все может плодоносить.

«...И взял Бог Всесильный человека и поместил его в саду Эдена, чтобы возделывать его и хранить его. /16/ И заповедал Бог Всесильный человеку, сказав: "От всякого дерева сада можешь есть. /17/ От дерева же познания добра и зла, от него не ешь, ибо как только вкусишь от него, должен ты умереть"».

Ты сейчас пребываешь в возвышенном состоянии, ты наконец обрел «человека в себе», то есть Адама (Адам от слова «домэ» – похож на Творца). Все твои желания в данный момент продолжают находиться в состоянии эйфории от постижения духовного мира. Тебе хорошо в этом Свете, и только так ты хочешь в дальнейшем жить и дышать. Это означает, что **«...и взял Бог Всесильный человека и поместил его в саду Эдена, чтобы возделывать его и хранить его...»**

Ты в этот момент словно забываешь, что в тебе есть эгоизм, что тебя окружают всевозможные эгоистические желания к деньгам, к славе, к власти, к знаниям, к материальному миру. «Не надо мне этого, – словно говоришь ты Творцу, – мне так хорошо в Твоем Свете!»

Неожиданно ты слышишь предупреждение: «От всякого дерева сада можешь есть. От дерева же познания добра и зла, от него не ешь, ибо как только вкусишь от него, должен ты умереть».

Ты находишься сейчас «внутри сада», то есть со своими свойствами отдачи. Они никогда «не причинят тебе вреда», потому что ориентированы на то, чтобы доставлять радость другим. Поэтому **«от всякого дерева сада можешь есть...»**. Однако если ты будешь использовать свои эгоистические свойства **«от дерева же познания добра и зла, от него не ешь...»**, то Свет тут же исчезнет, и ты окажешься отключенным от Творца, то есть от всеобщего закона Жизни, от Отдачи. Именно это состояние и называется смертью **«...ибо как только вкусишь от него, должен ты умереть...»**. Соединение с Творцом – жизнь, отключение от Него – смерть.

Однако это следует понимать так: когда в тебе рождается «человек», нельзя пробуждать полностью весь свой эгоизм, ты еще не можешь исправлять его, и потому не должен использовать. То есть «человек в тебе» не должен есть плоды с дерева познания добра и зла, ибо это пойдет ему во вред. Хотя плоды эти покажутся самыми спелыми, большими и вкусными, но они окажутся ядовитыми.

Так и живет «человек в тебе» (желание «человек в тебе», или Адам), радуясь своему обретенному счастью. Эгоизм в нем еще совершенно не проявлен.

Он в Райском саду, среди дозволенных ему удовольствий, наслаждается покоем и близостью к Творцу.

До поры до времени...

В каббале состояние, когда эгоистические желания не используются, называется малым («катнут»). Я умышленно отказываюсь от них, зная, что слаб, что не смогу удержаться и обязательно возьму себе. То есть о малом состоянии говорится так: «На эгоистические желания у меня есть «экран».

Я словно говорю сам себе: «Нет, не буду получать, потому что не удержусь и присвою, все это упадет в мою эгоистическую яму, а я хочу научиться отдавать, быть, как Ты, – отдающим. Что же мне делать? У меня есть только один выход – не получать совсем ничего. Я не хочу брать себе. Ничего! Я на все строю экран».

Экраном (напомню) называется сила сопротивления эгоизму. Конечно, она действует до тех пор, пока я могу сопротивляться, пока не приходит такое наслаждение, перед которым я не могу устоять. Тогда мое сопротивление сломлено, и я беру. Не выдерживает экран... Я снова погружаюсь в эгоизм...

Мое время еще не пришло, а только готовится прийти...

О ЖЕНЕ ЧЕЛОВЕКА

«И сказал Бог Всесильный: "Нехорошо человеку быть одному, сделаю ему помощника, соответственного ему"».

В самом деле, нехорошо, что в человеке, созданном по образу и подобию Божьему, присутствует только сила Творца и нет в нем ничего от самого человека. То есть от его эгоистической природы. «**...Нехорошо человеку быть одному...**» Нехорошо, что он подавлен Светом и не имеет никакой свободы воли. Надо понемногу пробуждать его природу, чтобы эгоизм начал в нем проявляться, но в той мере, которая была бы подконтрольна ему, чтобы эгоизм как бы стоял «за ним» (за мужем). Чтобы можно было использовать его, но управляемо.

«Женщина в нас» и есть олицетворение такого управляемого эгоизма.

Однако если говорить о вещах материальных, земных, то и здесь основная обязанность жены – поддерживать мужа в его продвижении по духовному пути. Это и есть духовный корень женщины наравне с заботой о доме и детях, но об этом поговорим позже.

«**И навел Бог Всесильный сон на человека, и когда уснул он, взял Он одно из ребер его и закрыл плотью место его. /22/ И переустроил Бог Всесильный ребро, которое Он взял у человека, в жену, и привел ее к человеку. /23/ И сказал человек: "На этот раз – это кость от кости моей и плоть от плоти моей; она наречена будет женою, ибо от мужа взята она"**».

Сон – это духовное состояние, когда человек словно умирает, то есть его покидают все виды Света. В этом неконтролируемом состоянии в нем и пробуждается сила, которую раньше он не хотел использовать. Человек не желал самостоятельно подключать свой эгоизм. Зачем?

Он обитает в Райском саду Творца и полностью находится во власти Света. Человек пребывает словно в наркотическом состоянии, но ведь надо же когда-то становиться свободным, так как целью Творца является создать творение, равное Себе, а не раба Света. Получается, что человеку, рано или поздно, все равно придется начать поэтапно подключать свой эгоизм и исправлять его.

Сейчас, когда Свет «выходит из него», то есть «Адам в нас засыпает», можно проделать над ним некую операцию: **«...взял Он одно из ребер его и закрыл плотью место его. /22/ И переустроил Бог Всесильный ребро, которое Он взял у человека, в жену, и привел ее к человеку».**

Мы вынуждены разочаровать читателя, считающего, что речь идет об одном из ребер мужчины. Конечно нет! Мы условились, и, надеюсь, ты, читатель, уже привык к тому, что надо видеть за простыми материальными образами настоящий духовный смысл. Речь все время идет о желаниях, и только!

То же самое и здесь.

Ребро – это «место» в груди, где желание альтруистическое в нас соединяется с эгоистическим.

В каждом нашем желании есть уязвимое, но абсолютно необходимое «место», это момент сомнения, момент борьбы с самим собой, когда возникает искушение присвоить, несмотря на то что уже решил «начать новую жизнь» и быть только отдающим...

Вот оттуда-то и «берется материал», из которого создана «наша внутренняя женщина», присутствующая в каждом из нас.

Этот материал – то самое *общее свойство*, которое существует между желанием отдавать и желанием получать.

Что же общего между ними?

Мужское желание внутри нас стремится получать духовное наслаждение, отдавая другим, Творцу, в ожидании того момента, когда человек скажет: «Я беру себе только самое необходимое для жизни, а остальное с радостью отдаю другим, Творцу».

Женское желание внутри нас стремится к получению духовного наслаждения, но для себя, понимая, что это самое великое наслаждение, которое только существует.

Вот эта общая точка и называется «получение наслаждения», но вся разница состоит в том, *кого* мы при этом наполняем – других или себя.

Если желание получить духовное наслаждение для себя (женское желание) совсем не контролируется мужским желанием отдавать другим то оно превращается в гибель для человека. (Гибель в духовном смысле.)

Попробуй понять: то, что я чувствую и вижу тебя – это мне только кажется. На самом деле, кроме меня, есть только Творец. «Ради Творца» или «ради других» – это одно и то же. Пока мы не дойдем до состояния окончательного исправления, нам всегда будет казаться, что существуют и другие. Потом мы обнаружим, что никаких «других» нет, есть только «я и Творец».

Если же желание отдавать другим (мужское желание), в свою очередь, подчиняется желанию получать для себя (женскому), то есть идет за ним, то это тоже гибель.

Можно развиваться до бесконечности, душа человека по своему объему не имеет никакого ограничения, поскольку через нее он связывается с остальными людьми. Душа – это коммуникатор с другими душами. Один человек в состоянии подключить к себе все человечество, чувствовать вместо других, мыслить, понимать вместо них. Для этого ему достаточно только «выйти из себя» и войти в них.

В этом и заключается библейский принцип «возлюби ближнего, как себя». Что такое наш истинный эгоизм? Это то, как я себя в настоящий момент эгоистически люблю и готов пренебречь абсолютно всем миром ради того, чтобы заполучить что-то для себя. Если я смогу «выйти из себя», не оставляя ничего себе, то тогда я начинаю ощущать остальных людей – и становлюсь вечным. Поэтому у человека нет никакого предела для духовного роста, просто нас не обучают этой практике. Каждый может себя реализовать и стать равным Богу, равным Творцу. Более того, это и есть обязанность каждого.

Далее мы выясним это соединение «мужского» и «женского» начала в наших желаниях и поймем необходимые пропорции.

Пока же уясним, что истинное их соединение – это подчинение Свету, стремление к нему, несмотря ни на что.

Подведем итог: проявление в Адаме эгоистического свойства, которого в нем раньше не ощущалось и есть рождение из него «женщины», то есть дополнительного, внешнего образа, называемого Ева.

Они являются одной плотью, то есть создают между собой такую комбинацию, которая действительно имеет право на самостоятельное существование, они поддерживают друг друга, а до этого были отстранены одно от другого (желание отдавать и желание получить).

«...Поэтому оставляет человек отца своего и мать свою и прилепляется к жене своей, и они становятся одной плотью».

Все наши желания до этого момента были обусловлены одной потребностью: оставаться в Райском саду, пребывать постоянно в Свете Творца. Это ощущение человека, который находится на подъеме, переживает состояние, когда желает думать только о духовном наслаждении, все остальное кажется ему пустым и низменным. Оно означает: «находиться в Райском саду», или быть связанным с «отцом и матерью своими».

Мы не опускали глаза на «грешную землю», думая, что навсегда ее «покинули» и теперь начнем стремиться только вверх. Однако от «земли» никуда нельзя деться. Наша природа – эгоистическая, и ее необходимо будет исправлять. Связь с «землей» (желанием получать) – «женщина», к которой и прилепляется «человек», становясь с ней одной плотью, то есть «подтягивает» к себе эгоистические желания, но еще не выявляет их. Да и они пока не обнаруживают себя. **«И были они оба наги, человек и жена его, и не стыдились...»**

Что же такое «наги»? Это говорит об отсутствии «одежд», или, по-другому, эгоистических желаний, которые наслаиваются на человека, словно одежды, и закрывают его истинное, исконное стремление к духовному миру.

Надевая все эти одежды – новые и новые эгоистические желания, – человек удаляется от Творца, хотя духовное начало присутствует в нем всегда. Надо только начать снимать эти пласты, то есть постоянно стремиться к корню – к Творцу, который нас всех создал... Вот это мы сейчас и делаем.

Если ты думаешь лишь об одном – стать подобным Творцу, – то тем самым вызываешь на себя очень интенсивное воздействие очищающего Света. Ведь ты сейчас «омываешь» себя истинными мыслями, истинной Книгой, и читаешь ее, подобно каббалистам – людям, которые находятся на высоких духовных ступенях. Ты словно ухватился за спасательную «веревку», которую они бросили тебе и не отпускаешь ее. Главное – держись как можно крепче.

Итак, «наги» – это означает полное отсутствие эгоистических намерений: «Себе! И только себе!», – и поэтому они не стыдились своих желаний...

Животные, например, не нуждаются в том, чтобы скрывать действия, они ведут себя, повинуясь инстинктам, а не эгоистическим желаниям... Только человек краснеет от стыда и нуждается в прикрытии своих намерений, потому что все они насквозь эгоистичны.

Сейчас же, в начале пути, разделенные между собой Адам и Ева (наши желания), с одной стороны, нагие, неприкрытые, с другой стороны, стыдиться им, собственно, нечего, у них нет никаких расчетов в отношениях друг с другом. Они ведут «животное» существование – таким оно называется в нашем мире.

Они наги и не стыдятся этого, потому что стыд – это выявление своей противоположности Творцу, а Адам и Ева еще не осознали этой противоположности.

ПОЯВЛЕНИЕ ЗМЕЯ

«...Змей же был хитрее всех зверей полевых, которых создал Бог Всесильный; и сказал он жене: "Хотя и сказал Всесильный: не ешьте ни от какого дерева этого сада…" /2/ И сказала жена змею: "Из плодов деревьев этого сада можем есть; /3/ Только от плодов дерева, которое в середине сада, сказал Всесильный, не ешьте от него и не прикасайтесь к нему, а то умрете". /4/ И сказал змей жене: "Никак не умрете. /5/ Но знает Всесильный, что, когда поедите от него, откроются глаза ваши и вы станете, подобно Всесильному, знающими добро и зло"».

Что же произошло? Надеюсь, ты, читатель, уже начинаешь «прощупывать» свои мысли и желания и по-другому воспринимаешь эту историю, читаешь ее своим внутренним зрением.

Тогда тебе не трудно догадаться, что «змей» – это эгоистическое желание, твоя природа, которую ты еще не использовал. («Змей» – это последняя, четвертая стадия эгоизма.)

Далее мы будем много говорить о том, что нельзя работать со «змеем» до той поры, пока у нас нет сил справиться с ним, – с этой последней стадией эгоизма, которая еще называется «лев а-эвен», что в переводе означает «каменное сердце». Недаром оно называется «каменное». С ним может справиться только Творец, и это происходит по окончании всей работы по исправлению, которую может проделать человек. Последнюю точку ставит Творец.

Ты спросишь: а как же «змей» оказался в Райском саду? Ответ простой: если им никто не пользуется во имя зла, то он находится на том же уровне, что и все созданное Творцом. В своем истинном, первозданном виде – это то же, что называется, Божье творение. Если он не использует свои желания ради получения, то в таком случае, является непроявленным эгоизмом и в таком состоянии может находиться где угодно.

Ты вправе спросить: для чего же тогда «змей» (наш эгоизм) проявляется? Жил бы и жил себе в Райском саду и не доводил человека до грехопадения..

Да, но тогда человек остался бы на уровне ангела, был бы «бесплодным», а он должен стать человеком!.. Поэтому эгоизм – «змей» – и проявляет себя. Именно его недостает человеку, чтобы подняться с уровня Райского сада до уровня Творца, явив при этом свое свободное желание.

Почему же «змей» действует через Еву? Потому что Ева – это тот скрытый эгоизм, который уже существует в Адаме (в желании отдачи), Ева – мостик, соединяющий Адама с настоящим мощным эгоизмом (с природой человека, потому что эгоизм может соединиться только с эгоизмом)... Наступает время осуществить присоединение. С этой целью и приходит к Еве «змей»: «**...и сказал он жене: "Хотя и сказал Всесильный: не ешьте ни от какого дерева этого сада..."**».

Поскольку Ева есть эгоистическая часть в Адаме (в свойстве отдачи), то она еще сопротивляется, хочет сохранить чистоту Адама: «... пусть остается ангелом... а я буду с ним...»

«**...И сказала жена змею: "Из плодов деревьев этого сада можем есть; /3/ Только от плодов дерева, которое в середине сада, сказал Всесильный, не ешьте от него и не прикасайтесь к нему, а то умрете"**».

Однако по замыслу Творца Адам должен стать настоящим «человеком» и из малого состояния (катнут), в котором он находится, перейти в состояние большое (гадлут), проявив, в конце концов, весь свой эгоизм, используя его только на благо ближнего, на благо Творца, и поэтому истинный эгоизм настаивает: «**...И сказал змей жене: "Никак не умрете. /5/ Но знает Всесильный, что, когда поедите от него, откроются глаза ваши и вы станете, подобно Всесильному, знающими добро и зло"**».

То есть наш «змей» *настаивает* на том, что только так можно осуществить настоящее действие отдачи относительно Творца. Взять да и присоединить весь эгоизм разом и сразу, одним скачком, прийти к цели Творения, стать подобным Творцу. (Змей не соврал. Он исходил из конечной цели, когда так или иначе это произойдет. Намерения у всех были самые лучшие).

Человек («Ева в нем») думает, что действительно сможет справиться со своим эгоизмом. Он теперь чувствует себя уверенно и не сомневается в том, что уже ни за что не свернет с духовного пути...

Так всегда считает и начинающий. Вспомни, как ты впервые открывал для себя великие духовные истины. В тот момент ты был абсолютно уверен, что уж теперь-то непременно станешь стремиться только к духовному миру и никогда не вернешься к примитивным земным желаниям, то есть сможешь справиться со своим эгоизмом, «объяснить» ему все преимущества духовного пути... Как вдруг... на тебя наваливаются земные заботы, неожиданно появляется возможность заработать большие деньги, или тебя повышают по службе, и надо по 12 часов в сутки выкладываться на работе, получая при этом моментальный, вполне ощутимый результат, деньги, уважение и перспективу продвижения... Ты и думать забываешь, что еще вчера «летал», чувствовал, что вот-вот тебе раскроется Творец и поместит тебя в Свой Райский сад... Ты забываешь обо всем этом и «падаешь» в прежние земные желания... Нет, не в прежние, ведь в тебе уже осталась *запись* того счастливого ощущения духовного парения, которое ты испытал... и это самое важное, что произошло с тобой...

Об этом и идет речь в данной главе Пятикнижия Моисея.

Там говорится, что происходит, когда «Ева» (эгоистическое желание, но связанное с духовным, с «Адамом») соединятся со «змеем» (исконным «земным» эгоизмом) и слушает его. «**...И увидела жена, что дерево это хорошо для еды, и что услада оно для глаз, и вожделенно это дерево для развития ума**». То есть ты подумал, что все это действие приведет тебя к цели – «**что это хорошо для еды**», как и говорил «змей».

Тогда в тебя, в «твоего Адама», в твое страстное желание обрести духовное состояние проникает самое сильное эгоистическое желание... и происходит «разбиение твоего Адама» – этого чистого духовного желания, то есть совершается *грехопадение.*

«...и взяла плодов его и ела, и дала также мужу своему с собою, и он ел...»

Ты был уверен, что выдержишь, что делаешь это ради продвижения по духовному пути, и действительно, намерение твое именно таково. «Адам», находящийся в тебе, «ест», то есть присоединяет к себе эгоизм, которым не пользовался ранее. Разумеется, он не выдерживает, иначе говоря, начинает использовать наслаждение для себя.

«И открылись глаза их обоих, и узнали, что наги...»

Они действительно обнаружили Свет Жизни. Свет Творца, который окружал их все время. **«И открылись глаза их обоих...»**, но и в тоже мгновение увидели себя в этом Свете и осознали, что они абсолютно противоположны Ему. Свет, Творец есть полная, абсолютная отдача, а они – насквозь эгоистичны (**«и узнали, что наги...»**). «Мы – эгоисты, мы не можем быть такими, как Он», – поняли они, ощутив, с одной стороны, свою удаленность от Творца, свою порочность, а с другой стороны, не столько возможность исправиться, сколько свою индивидуальность, особенность. Можно сказать, что это было первое проявление «Я» человека. До этого момента он существовал в общем свете, полностью отдавшись Творцу, и вдруг «раскрылись глаза его»: есть мое «Я», есть мой эгоизм... К каким же подъемам и падениям в будущем приведет отдельного человека и все человечество это великое открытие собственного «Я»?!

ИЗГНАНИЕ

Далее начинается только падение, и ничего другого. Вплоть до нашего мира. «...В поте лица твоего есть будешь хлеб, доколе не возвратишься в землю, ибо из нее ты взят, ибо ты прах и в прах возвратишься...»

Возникает вопрос: для чего произошло изгнание, ради чего Творец задумал и проделал «операцию» разбиения высокого духовного желания на множество частичек, которые упали в наш мир и облачились в тела?... Они забыли ту райскую сказку и не чувствуют никакого духовного мира, не воспринимают никакого свечения, занимаются собой, исполняют свои мелкие земные желания, сталкивают свой эгоизм в войнах, ссорах, ненависти... Для чего произошло «разбиение» этой Великой Единой души Адама?

Для того чтобы свершилась самая важная вещь – *искры отдачи*, альтруистические желания Человека (Адама), упали в царство эгоизма и пропитали его «духом отдачи». То есть чтобы в нашем эгоизме *произошла запись* о том, что есть такая великая вещь, как духовная связь с Творцом, а это столь огромное счастье, что его трудно передать словами... Именно это ощущение потом и сработает... Оно будет присутствовать в нашем эгоизме до времени «икс» и ждать случая, который обязательно представится, ибо все развивается только по программе Творца. Тогда эти искры духовного переживания, затаившиеся до поры, осветят царство эгоизма, и в полной темноте откроется путь. Как зрячий, который выводит слепых на дорогу, так и эти искры «поведут» за собой эгоистические желания к Свету, к исправлению...

Сегодня такое время наступило. Человечество понимает, что находится в тупике и никакой прогресс не способен привести его к хорошей жизни. Мы уже ощущаем губительность эгоизма и обвиняем его во всех смертных грехах: **«...ибо ты прах и в прах возвратишься»**. Мы воспринимаем его как прах, из которого не произрастает ничего, кроме войн, депрессии, террора, бесконечной цепочки страданий... Это и означает, что нас позвал к Себе Творец. Он «посветил» нам, и в Его Свете мы увидели себя такими, какие мы есть, а увидев, ужаснулись и начали искать выход из тупика (что и называется молитвой).

Именно в такой ситуации *просыпаются в нас искры Души Первого Человека*. Они есть в каждом. Вот-вот, каждый человек земли почувствует это — и тогда поймет, что он часть Одной Души, Одного организма, и захочет вернуться «домой», чтобы жить в Единстве со всеми душами, потому что без этого не сможет выжить.

«...И выслал его Бог Всесильный из сада Эдена, чтобы возделывать землю, из которой он взят. /24/ И изгнал человека, и поставил к востоку от сада Эдена ангелов и пламенный меч вращающийся для охранения пути к дереву жизни...»

Вот такую хитрую штуку придумал Творец. Конечно же акт разбиения — заранее задуманная акция, иначе в нас жило бы «темное царство» и никогда не пробудилось ощущение духовного мира, мы, подобно змею, ползали бы по земле, питаясь прахом... (Кстати, именно потому наш природный, неисправленный эгоизм и назвали «змеем», что он ползает по земле, не отрываясь от нее, а «земля» — это наше желание получать.) «Змей» не может даже приподняться над этим желанием (нет у него ни ног, ни рук, он привязан к земле и «проклят» Творцом, что означает, противоположен Ему, и все это приносит человеку только страдания).

«...За то, что ты сделал это, проклят ты более всякого скота и всякого зверя полевого! На чреве твоем ходить будешь, и прах будешь есть все дни жизни твоей...»

Таковы сегодня наши *ощущения* от своего эгоизма. Конечно же нет никакого проклятия со стороны Творца, Он неизменен, абсолютно Добр и находится в одном состоянии – полной отдачи. Меняемся только мы. Мы видим свою противоположность Творцу, Свету, и именно сегодня ощущаем это особенно явно. Эгоизм завел нас в тупик... Да, именно Творец привел нас в состояние безысходности, потому что нет иной силы в мире – ни чертей, ни дьяволов, ни ведьм, – есть только Творец. Он, чтобы заставить нас самостоятельно подняться на Его уровень, поставил нас в такое положение. Более того, двигаясь обратно, мы должны будем пройти серьезные испытания: «**...и поставил к востоку от сада Эдена ангелов и пламенный меч, вращающийся для охранения пути к дереву жизни...**», – которые приготовлены для нашей же пользы. Это сделано для того, чтобы, преодолевая препятствия, мы могли сформировать лишь одно желание – вернуться к прежнему состоянию (но уже по своей воле), к существованию по Закону Единства и Любви. Только тогда нас «пропустят в сад» «ангелы с мечами», и нам уже не надо будет возвращаться к страданиям этого мира. Мы будем в бесконечном наслаждении постигать тайны Творца.

Теперь давайте сделаем небольшую паузу, необходимую для объяснения текста Книги, и попытаемся понять всю картину, тогда нам будет проще двигаться дальше.

О СВОБОДЕ ВЫБОРА

Итак, постепенно человек учится видеть одновременно наш мир, Высший мир и их взаимодействие.

Из Высшего мира в наш мир нисходит информация и реализуется в материю. Мы видим физические объекты: растения, зверей, птиц, насекомых, людей. Однако если мы обладаем духовным зрением, то можем ощущать и воздействие сил, которые управляют материей. Именно такого восприятия действительности должен достичь каждый человек: почувствовать Творца за всем существующим и происходящим. Не просто поверить на слово, что это так, а именно *увидеть и почувствовать*. Этому учит нас Книга.

Ибо как раз наша *реакция на силы, нисходящие свыше в виде информации,* и поднимается в Высший мир, где определяется, в каком виде — хорошем или плохом — низойдет и материализуется перед нами наше будущее, наше завтра.

Итак, что сделал Творец?

Находясь на наивысшем духовном уровне, Он создал творение из противоположного Ему эгоистического свойства.

Потом Он наполнил творение светом, а затем взял да и опустошил его, тем самым опустив до состояния «наш мир».

Что делает творение?

Оно поднимается обратно по духовным ступеням и тем самым удостаивается получения наслаждения во много раз большего, чем имело до своего нисхождения в этот мир.

Встает вопрос: почему, для того чтобы достичь подобия с Создателем, созданию необходимо оказаться в самом худшем состоянии? Можно ли обойтись без этого?

У творения должна быть возможность и силы *свободно действовать* между двумя противоположными свойствами: собственным эгоизмом и Творцом, независимо выбирать свой путь и самостоятельно следовать по нему.

Для того чтобы предоставить в распоряжение человека эти условия, Творец должен:

— полностью удалить творение от Себя;

— предоставить ему возможность развития и постижения Мироздания;

— предоставить ему возможность свободы действия.

Творец создает творению такие условия постепенно. Дело в том, что творение, ощущающее Творца (наполненное Светом), не является самостоятельным: оно полностью подавлено Светом, Свет диктует творению свои условия, передает ему свои свойства.

Для создания самостоятельного, независимого от Себя творения, Творец должен полностью отдалиться от него. Другими словами, творение, освобождаясь от Света, становится самостоятельным в своих поступках. Это действие — изъятие Света — называется Сокращением (Цимцум).

Представь, что у тебя есть неисправный инструмент, которым ты должен работать. Следовательно, ты прежде всего должен его починить, сделать пригодным для работы, а затем использовать.

Так вот, Библия с самых первых страниц и повествует о том, как можно исправить этот непригодный для работы инструмент — нашу душу и благодаря этому вернуться к Творцу. Она предлагает инструкцию, каким образом, живя в этом мире, человек может подняться к самому наилучшему, совершенному состоянию.

Как мы и говорили, во время этого исправления человек находится между двумя мирами – Высшим и низшим.

Его душа в процессе исправления приобретает необходимые навыки, знания, опыт, а главное – у человека появляются новые ощущения, новые, духовные свойства. Таким образом, достигнув полного исправление души, он приобретает свойства, благодаря которым сможет существовать во всех Высших мирах, в вечности, покое, совершенстве. Так он приходит к Концу Исправления.

Это состояние нигде не описывается просто потому, что его невозможно отобразить словами нашего земного языка. Оно постигаются только теми людьми, которые проходят все предварительные состояния и достигают Конца Исправления. За пределами Конца Исправления располагается неведомая область, где находятся так называемые «Тайны Торы». («Маасэ Меркава» и «Маасэ Берешит».)

Существуют только отдельные намеки на них в книге Зоар и в других трудах каббалистов. Однако все это действительно лишь намеки, а на самом деле эти духовные области невозможно описать, потому что наш язык, наши буквы, наши понятия взяты из мира Исправления.

То, что находится выше системы Исправления, совершенно не ощущается нами и поэтому никак не может быть переложено на человеческий язык, втиснуто в наши координаты, определения, представления.

Поэтому и просил величайший каббалист современности Бааль Сулам позволить ему спуститься из мира истинных чувств на более низкую ступень, чтобы суметь объяснить человечеству буквами, словами, земными чувствами пути подъема в духовное измерение... и ему было это позволено. Он написал основные каббалистические труды для нас, для нашего поколения, и по ним мы сможем пройти в духовный мир. Они словно карта, без которой пропадешь в этом лабиринте земной жизни, запутаешься, отчаешься, устанешь и умрешь, так и не поняв, для чего родился. Бааль Сулам как отец, который, чувствуя страдания детей, поднимает их на руки и несет к Свету.

Как не может человек существовать в нашем мире, не имея сведений о нем, так и его душа после смерти тела не в состоянии существовать в Высшем мире, не получив предварительных знаний. Поэтому научные достижения каббалы не только обеспечивает нас комфортным существованием в этом мире, но и дают возможность существования в мире будущем.

ВОЗВРАЩЕНИЕ К АДАМУ

Теперь вернемся к Первому Человеку, то есть к Адаму, к тому желанию, которое мы почувствовали в себе.

Творец изгоняет его из Райского сада. Иными словами, «Человек в нас» (Адам) перестает быть ребенком и начинает взрослеть.

Что такое взросление? Это период, когда мы понимаем, что должны будем исправить весь свой эгоизм, ибо не сможем жить с ним, или просто подавить его.

Моментального исправления не произошло, как предлагал «змей», теперь нужно будет спускаться все ниже и ниже, пока человек не ощутит весь свой эгоизм целиком и не призовет на помощь Творца, потому что поймет, что бессилен справиться с ним самостоятельно.

«...И познал человек Еву, жену свою, и она зачала и родила Каина, и сказала: "Обрела я человека с Богом". /2/ И еще родила брата его, Авеля, и был Авель пастухом овец, а Каин был земледельцем».

Что же происходит? Начинается нисхождение. Пока даже речи нет об исправлении. Сейчас мы видим, как одно большое эгоистическое желание, с которым человек не смог справится, начинает дробиться на все более мелкие. (Идет разбиение, искры летят в наш мир, где получают эгоистические оболочки – тела. Однако повторюсь, что здесь говорится только о нашей работе с эгоистическими желаниями, а не о конкретных людях.)

«Познал человек Еву...» – это значит, слились альтруистическое и эгоистическое желания в человеке. Что получилось в результате?.. Из этого соединения «родились» два желания – «Каин» и «Авель».

Одно желание тяготеет к отдаче, к Творцу, – это «Авель», поэтому и говорится, что он не возделывает землю, то есть не связан с эгоизмом, а «пасет овец». Он может быть «ведущим» и вести к тучным пастбищам, к воде, но не овец, а эгоистические желания человека, которые готовы следовать за ним, потому что предвкушают будущие наслаждения. Именно такие желания в нас называются «овцами».

Желание «Авель» называется еще правой линией.

Что такое правая линия? Это альтруистическое желание, стремление к Творцу без всяких эгоистических примесей. Желание, ниспосланное свыше, как протянутая «рука», как спущенная лестница, по которой можно подняться к Цели.

Желание «Каин» – левая линия.

Левая линия – это, напротив, эгоистическое желание, или стремление использовать связь с Творцом ради собственного наполнения...

В истории о Каине и Авеле еще нет полного удаления от Творца (то есть нет еще ситуации нашего мира, когда Творец абсолютно скрыт и разум утверждает, что все это профанация, и человеку надо жить только для себя). Здесь иная картина. Мы находимся в диалоге с Творцом: Он ощущаем, духовный мир рядом, только желания разные. У Авеля – желания чистые, стремление отдавать, то есть получать наслаждения, оттого, что радуется Творец. Каин, казалось бы, тоже имеет желание отдавать, но ради того, чтобы получить за это благосклонность Творца, заслужить Его внимание, обрести духовный мир... Получить весь Свет, все великое наслаждение, но себе, себе, и только себе.

«Каин» – левая эгоистическая линия, которая «возделывает землю». Это означает, что наше желание «Каин» постоянно «работает» с эгоизмом. Если «Каин» не властвует над ним, то эгоизм властвует над «Каином». Об этом и говорится:

«...И было, спустя некоторое время принес Каин от плодов земли дар Богу. /4/ А Авель принес также от первородных овец и от жирных их; и преклонился Бог к Авелю и к дару его; /5/ А к Каину, и к дару его не преклонился, и очень досадно стало Каину и поникло лицо его. /6/ И сказал Бог Каину:

"Отчего досадно тебе и отчего поникло лицо твое? /7/ Ведь если клонишься к добру, то простится тебе, если же не клонишься к добру, то у двери грех лежит, и к тебе влечение его; ты же должен властвовать над ним"».

«...ты же должен властвовать над ним...», – призывает закон природы. Ты должен работать над своими эгоистическими желаниями, а не подавлять, не пытаться их искоренить, потому что не получать ты не можешь. Ты таким создан. Тебе необходимо подняться *над* ними, использовать их, властвовать над своими эгоистическими желаниями – то есть получать наслаждение оттого, что наслаждается другой, Творец.

К этому состоянию в конце концов должен прийти человек.

Это цель его сотворения.

В противном случае эгоизм будет властвовать над нами, и результат этой власти есть то, к чему пришло человечество сегодня – войны, гибель, трагедии...

Это то, к чему пришел Каин.

«...И замыслил Каин против Авеля, брата своего, и когда они были в поле, восстал Каин на Авеля, брата своего, и убил его».

Что означает «братоубийство»? Это означает, что левая линия подавляет правую. То есть левая линия, эгоизм как бы утверждает: прок есть только от меня, я действую, выращиваю урожай, работаю с землей и, конечно же, должен за это получить вознаграждение.

Разумно?.. Разумно. Вот этой разумной подачей и «убивается» правая линия, утверждающая, что возможна только чистая отдача, абсолютное, полное подобие Творцу, что возможно только одно состояние – радовать Его, не заботясь о воздаянии.

Каков же приговор Творца?

«...Когда будешь возделывать землю, она более не даст тебе силы своей, – вечным скитальцем будешь ты на земле».

Сила земли, желания – именно в сочетании двух линий, правой и левой, в нахождении золотой середины, где, как мы говорили, человек наслаждается получением лишь тогда, когда доставляет этим наслаждение другому. Только таким образом мы можем наслаждаться, и блаженствовать вечно.

Если же не происходит этого сочетания, другими словами, если «убит Авель», то земля не может дать силы, а наоборот, забирает их, потому что все превращается в работу только на свой эгоизм, на левую линию, на «Каина». Эгоизм невозможно насытить никогда. Потому и говорится, что **«...вечным скитальцем будешь ты на земле...»**, то есть будешь пытаться найти счастье и не найдешь его.

«Вот Ты сгоняешь меня теперь с лица этой земли, и от внимания Твоего буду скрыт, – и вечным скитальцем буду на земле, и вот всякий, кто встретит меня, убьет меня».

Нет, убить эгоизм невозможно, как мы уже говорили, его нельзя подавить. Он живет вечно, и возрастает, переходя из поколения в поколение, все больше и больше утрачивая связь с Творцом.

Поэтому говорится:

«И дал Бог Каину знамение, чтобы не убил его всякий, кто бы ни встретил его. /16/ И ушел Каин от лица Бога и поселился в земле Нод, на восток от Эдена».

Вот с этого момента и начинается история человечества, процесс нисхождения твоей души, дорогой читатель, от Творца в наш мир. Душа при этом не меняется, просто на нее надеваются эгоистические оболочки, закрывая ее, приглушая ее голос – постоянную связь с Творцом. Так превращается она из единого, общего сердца Адама во множество точек в сердцах бесчисленного количества людей.

Однако Творец постоянно связан с душой в том месте, которое называется «точкой в сердце». Именно поэтому в конце концов наступает время, когда ты снова «слышишь» Его голос, ощущаешь слабое свечение, пробивающееся через все фильтры и оболочки. Вот тогда-то ты и начинаешь опять стремиться домой, в духовный мир, к Творцу, желаешь оказаться в Райском саду.

«/17/ И познал Каин жену свою, и она зачала и родила Еноха, а он тогда строил город, и назвал этот город именем сына своего, «Енох». /18/ И родился у Еноха Ирад, а Ирад родил Мехиаеля, а Мехиаель родил Мафусаила, а Мафусаил родил Ламеха...»

И так далее, и так далее... появляется человечество... людей становится все больше и больше... но ты помнишь, что все эти «люди» суть твои эгоистические желания... Все их тебе предстоит исправить, и тогда ты снова вернешься к Единой душе Адама, соединишься с ней в одно целое.

Почему же было раздроблено большое эгоистическое желание («змей», «Каин» и так далее) на множество мелких эгоистических желаний? Да потому, что таким образом их легче исправить, чем одно большое... Исправить, тем самым собрать и вернуть как Единую душу в Райский сад.

Понять это нам поможет старинная притча о том, как царь решил переправить свое огромное состояние в другое государство своему сыну. Перед ним встал вопрос: как это сделать? Царь знал, что его народ «вороват» и не на кого положиться... Нечего и думать, чтобы поручить это кому-то конкретно.

Вот после долгих раздумий он нашел выход. Царь разменял все свое богатство на мелкие монеты и вручил каждому из подданных по одной из них, с тем чтобы тот отвез ее в соседнее государство и передал его сыну. Понятно, что люди не стали присваивать такую мелочь, им важнее было доказать царю свою преданность и исполнительность. Поэтому каждый с честью выполнил задание. Так все богатство и перекочевало по назначению.

Подумай над этой историей, читатель, в ней много смысла, и она может послужить выводом из того, о чем мы говорили в этой главе.

ГЛАВА

«НОЙ»

ГЛАВА «НОЙ»

«Ной, человек праведный, был совершенным в своих поколениях, с Богом шел Ной...»

Так начинается глава о Ное, и сразу же запутывает читателя, словно рассказывая ему обычную земную историю.

Однако она сбивает с толку только тех, кто еще не готов читать библейское Пятикнижие иначе, кому пока достаточно простого исторического повествования о человеке по имени Ной.

Оставим их, пусть ищут Ноев ковчег на горе Арарат, а мы углубимся в текст, насколько это возможно, чтобы понять, как же он связан с каждым из нас, с нашим духовным поиском, с целью жизни, с душой.

Для начала кратко перескажем, о чем идет речь в этой главе.

Увидев, что земля полна греха, именно с Ноем заключил Бог союз о том, что построит Ной ковчег и спрячется в нем с женой, детьми и животными. Тем временем Бог затопит землю водами потопа и уничтожит вместе с ней всех остальных людей.

Потом выйдет Ной из ковчега со своим семейством и спасенной живностью. От них пойдут на земле поколения людей и животных. Люди захотят построить Вавилонскую башню и говорить на одном языке, но это им не удастся. Разойдутся они по миру и перестанут понимать языки друг друга.

Спроси себя: «Где *я* в этой истории с Ноем?» Или еще лучше: «Что означает *мой внутренний Ной*?» Требуй от себя только одного подхода к содержанию этой Книги: все, что я читаю здесь, происходит со мной. Праведник Ной, его жена, дети, все животные («каждой твари по паре»), ковчег и Вавилонская башня – все это существует во мне... все это силы, желания, которые управляют моим внутренним и внешним миром. Только до них мне надо добраться, почувствовать их... и тогда приоткроются врата тайны...

В предыдущей главе «В начале» мы говорили о том, как создавался мир, обитель души. Потом выяснили, как вслед за нашими неживыми, растительными, животными желаниями родилось желание «человек», означающее стремление к духовному миру, к Творцу, которое затем разбилось на мелкие частички, упавшие в наш мир.

Падение продолжается, но поэтапно. Оно продлится до тех пор, пока мы не будем готовы встретиться «лицом к лицу» с нашим исконным эгоизмом, увидеть наше «Я». К этому мы еще должны прийти, то есть нас необходимо подготовить к тому, чтобы мы смогли увидеть и выдержать увиденное, и не только выдержать, но и принять решение о «выходе» из нашего «Я».

Забегая вперед, скажем, что наше «Я» называется «Фараоном», но разговор об этом еще впереди, и он будет очень основательным. Пока же мы движемся по направлению к «Фараону», то есть к полному осознанию того, что мы рабы нашего эгоизма. Падение только началось. Пока мы думаем, что еще близки к духовному миру, пребываем в ощущении Света – этой первой радости от встречи с Творцом. То есть Творец еще не скрыт от нас полностью, не наступила «ночь выхода из Египта».

Однако мы уже ощущаем себя эгоистами, и нас угнетает это чувство.

ИСКРА НОЯ

«...И увидел Всесильный землю, что вот: растлилась она, ибо извратила всякая плоть путь свой на земле...»

Это означает, что все наши желания эгоистичны... но мы все-таки видим среди этого «растления» некую точку, крохотную, одинокую, которая полностью отличается от всего «на земле».

Это и есть «точка в сердце». На первом эгоистическом уровне она называется «Ноем».

Что же такое «Ной в нас»? «Ной» – это наше первое духовное желание. Пока еще маленькое, еле различимое... но мы ощущаем его. Оно живет в нас.

Мы обнаружили «Ноя».

«Искорка Ноя» живет в каждом из нас, но очень уж много накопилось вокруг такого, что мешает услышать его тихий голос...

Эгоизм рос, наслаивался на «Ноя», заглушал его непрестанными желаниями. Погоня за наслаждением удаляла человека от «Ноя»... делала все грубее и грубее..., все эгоистичнее... и все более тихим становился его голос. Наконец мы дошли до такого состояния, словно замуровали его...

Однако «Ной» никуда не исчезал, потому что он является основой души человека, он вечен и только ждет часа, когда человек обратится к нему.

«Ной»... – на самом деле эта точка является центром наших желаний. Именно она напрямую связана с Творцом. Это она вечна, а все окружающие ее эгоистические желания временны, преходящи, суетны и пусты. Вечно только то, что устремлено вверх, к духовному миру. Вот туда-то и направлено наше желание «Ной».

Дорогой читатель, тебе никогда не хотелось вдруг остановиться среди всей нашей сумасшедшей жизни, закрыть глаза, заткнуть уши и... ощутить тишину, которая живет только в тебе. Услышать внутренний голос, незамутненный никаким посторонним влиянием. Твой голос. Тем самым словно исчезнуть из этого мира, который с утра и до ночи навязывает тебе свои желания. Телевидение, радио, газеты «выплескивают» на тебя рекламу, знакомые и незнакомые люди навязывают тебе свои мысли, желания... «Власть, деньги, известность», – слышишь ты справа и слева от окружающих... и тебе уже кажется, что это твои мысли...

В этом ежедневном водовороте жизни уже не можешь понять, ты ли хочешь всего этого – денег, домов, машин, власти... или это не ты.

Твой внутренний голос забит, заглушен всем происходящим вокруг... и ты бежишь по жизни, подгоняемый чужими желаниями, а потом видишь, что ошибался, что никогда и не хотел этого, что все это было продиктовано, навязано тебе кем-то...

Какое же это счастье – суметь остановиться и услышать свое, единственное, собственное желание, чистое, не связанное с нашим материальным миром! Желание духовного переживания, которое в этом ветхозаветном тексте и называется «Ноем».

Он есть в тебе. Кем бы ты ни был, президентом или последним убийцей. Когда ты проберешься сквозь шелуху чужих чувств, то «придешь к Ною» и услышишь голос:

«...Ибо тебя увидел я праведным предо мной в этом поколении...»

Если ты сможешь услышать «Ноя» внутри себя, «Ноя – человека праведного», почувствовать маленькую альтруистическую искорку, ощутить желание приподняться над этим миром... то обретешь покой, безопасность, вечность, начнешь духовно расти.

Не услышишь – будешь постоянно работать на чужие желания, на свое тело, которое постоянно нашептывает тебе: «Наслаждайся этим миром, живи для себя, не будь идиотом!..»

Ну и что же ты получаешь, поддаваясь этим желаниям?.. Тело дряхлеет, умирает, и его бросают в землю, где оно разлагается. Смерть плоти неизбежна. Обидно. Ты всю жизнь работал на тело, а оно предает тебя в конце жизни.

А «Ной»?.. «Ной» – нет. Потому что «Ной» – это желание Вечной души. Оно связано с Вечностью. Если ты прилепляешься к «Ною», то и сам становишься Вечным. Все так просто. Надо только захотеть.

Именно об этом говорится в Книге.

Так написано в главе «Ной»:

«...земля, (которая) переполнилась разбоем, растлилась, извратила всякая плоть путь свой на земле...»

Мы помним, что «земля» («эрэц») происходит от слова «рацон», то есть желание.

Стало быть, когда говорится **«земля переполнилась разбоем, растлилась...»**, это означает, что извратились твои желания, растлились, ты изнемогаешь в погоне за чужим добром, ты абсолютно эгоистичен, ты живешь для себя. Ты чувствуешь, что это уже начинает разрушать и тебя, и всех вокруг... (посмотрите, что происходит сегодня с миром – мы разрываем его своим эгоизмом на части).

Но неужели нет выхода?!..

Есть...

Найди в себе «Ноя» для того, чтобы не погибнуть, ибо говорится в тексте: «...уничтожу я всякую плоть вместе с землей». Поступи так, как советует тебе Творец, или Высший разум, или Высший Закон, – а советует он вот что:

«...с тобою заключу Я союз, и войдешь в ковчег ты, и сыновья твои, и жена твоя, и жены сыновей твоих с тобою. А от всего живущего, от всякой плоти, по два из всех введешь в ковчег, чтобы остались они в живых вместе с тобою; мужского пола и женского пусть будут они. Из птиц по роду их, и из скота по роду его, и из всех пресмыкающихся по земле по роду их, по два из всех войдут к тебе, чтобы остались они в живых...»

Что это означает?

Внутри тебя – весь мир.

Ты находишься на самом высоком уровне мира, в верхней части пирамиды, включаешь в себя все животные, растительные, неживые души, которые располагаются ниже, под тобой. Они «завязаны» на тебе как на единственном существе, у которого есть душа и обязанность поднять себя и весь мир до уровня Творца.

Вот и сейчас, в этой главе, описывается, что твое желание «Ной» собирает вокруг себя исправленные части души (человеческую, животную, растительную и даже неисправленные, но стремящиеся к исправлению), что и называется «каждой твари по паре», и с ними входит в ковчег.

Что же такое ковчег?..

Ковчег – это своеобразный экран, защитное силовое поле, которое ты создаешь вокруг себя и которое помогает противостоять внешним помехам, то есть всем эгоистическим влияниям этого мира на тебя.

Ты просто не хочешь допускать ничего внутрь себя, отказываешься от контакта с окружающими... Нет, ты ни в коем случае не становишься отшельником, не бросаешь семью и этот мир, а, как обычно, ходишь на работу, зарабатываешь на жизнь... – это внешне, – но ты стараешься не впускать внутрь себя материальный мир, насколько возможно. С помощью КОВЧЕГА, этого защитного экрана, ты ищешь ответы на вопросы: «Кто же я такой?..», «Для чего живу?..», «Что самое важное в жизни?..».

Ты пока не находишь ответа, но ты ищешь... и уже это необычайно важно.

Ты готовишь себя к тому, чтобы найти ответ... твой поиск обязательно увенчается успехом, и ты уже сейчас чувствуешь это...

Почему чувствуешь?.. Да потому, что в тебе уже ожила «точка в сердце», которая находится в непосредственной связи с Творцом. Именно она развивается в тебе, начинает расти, словно образуя сосуд, готовый принять Высший Свет, и она не дает тебе покоя. Это ее тихий голос ты слышишь, это она говорит тебе, что ты продвигаешься по верной дороге и обязательно придешь к Творцу, хотя сейчас не чувствуешь Его совсем...

Когда же ты «входишь в ковчег»?..

ВХОД В КОВЧЕГ

Твой «вход в ковчег» начнется в тот момент, когда ты «рассортируешь» свои желания и отберешь, выявишь, с помощью какого из них ты сможешь дальше духовно развиваться, и, соответственно, поймешь, какие желания должен «потопить».

Как ты это делаешь?

Надо взять в руки книги – вот твое основное действие. Кроме этой Книги ты ищешь еще и другие, соответствующие ей, написанные теми, кто уже постиг свой корень, Высший мир, и передает в них свое постижение, пишет своего рода путеводители, которые призваны наиболее коротким путем привести тебя к Цели. Таких книг немного. Они предназначены не для того, чтобы увеличить твои знания, а только (и только) – развить ощущение Высшего. Эти книги написаны великими каббалистами – Авраамом, Моисеем, РАШБИ, Ари, Бааль Суламом. Пока запомни только эти имена. Мы будем еще не раз повторять их.

Итак, если ты не успокаиваешься, пока не находишь требуемые книги, это уже означает, что ты «строишь ковчег». Ты вчитываешься в них. Поначалу ты ничего не понимаешь, но продолжаешь читать. Это значит, что ты «возводишь стены ковчега».

Затем ты находишь учителя – инструктора и проводника, который не позволит тебе отклониться от правильного Пути, и друзей, идя рука об руку с которыми ты преодолеешь все препятствия, отделяющие тебя от Цели, – это означает, что ты уже «соорудил крышу ковчега».

Вот ты и в КОВЧЕГЕ... То есть ты живешь в материальном мире, но в соответствующих условиях – это и есть «твой ковчег».

НЕПРОСТЫЕ ВОПРОСЫ

«А я вот наведу потоп, воду на землю... из поднебесья... все, что на земле, погибнет. Но с тобою заключу я союз, и войдешь в ковчег...»

Снова о «входе в ковчег...».

«Войти в ковчег и спастись от вод потопа» ты можешь только в том случае, если отключишь свой разум, каким бы странным тебе ни показалось это предложение. «Отключить разум» – это означает не слушать советов тела, то есть эгоизма... Условие тяжелое, но выполнимое.

Многие прошли этот путь. Это они написали истинные книги о том, как открывали для себя подлинную, великую любовь – Творца. Это ими сказано, что «крупица наслаждения духовного в миллиарды раз выше всех земных наслаждений, вместе взятых».

Итак, достичь духовного наслаждения можно только при одном условии, если вырвешься из мертвой хватки эгоизма, победишь свой разум.

Именно разум заваливает тебя вопросами: «Зачем ты это делаешь?», «Что ты реально получишь от всего этого, можно ли это пощупать?», «Кто такие эти мудрецы, указаниям которых ты следуешь?».

Ты слышишь все это, и все же отвечаешь разуму: «Вопросы твои понятны, но ответ мой таков: я верю в сказанное мудрецами, прочитанное в книгах, верю в тот путь, которым иду. Потому что без этой веры невозможно ничего достичь в духовном мире».

На всякое возражение тела ты говоришь только одно: «То, что со мной происходит, – это милосердие Высшей силы, которая ведет меня к спасению. Оно скрытое, это милосердие, да, скрытое, я иду вопреки разуму... но я не схожу с пути...»

Только такой ответ приведет тебя к цели, и именно такое состояние называется «войти в КОВЧЕГ».

Я понимаю, ты сейчас в замешательстве, читатель, твой разум бунтует против такого насилия, он кричит тебе: «Не слушай, ты свободный человек, принимающий независимые решения...», – но я открою тебе секрет. Знаешь, кто задает тебе эти вопросы?.. Так называемая «нечистая сила», потому что она имеет власть только над разумом. Если ты поступишь вопреки разуму, то сразу почувствуешь облегчение, которое обычно наступает после изнурительной работы... Потому что власть «чистой силы» означает *решиться на что-то вопреки разуму*.

Теперь прими к сведению еще одну мысль, даже если она покажется тебе совсем уж странной и запутывающей. Как чистые, так и нечистые силы – все они исходят из одного источника. От Творца – абсолютно доброй силы, которая хочет только одного: сделать из нас создания, достойные Себя. Это Он приводит тебя в замешательство умышленно, чтобы ты смог сам решить свою судьбу. Каждый шаг ты должен будешь делать, принимая решение, словно взвешивая на весах свою жизнь.

«...И был потоп на земле сорок дней, и умножились воды, и понесли ковчег, и он поднялся с земли. И поднималась вода, и ее становилось на земле все больше и больше, и поплыл ковчег по поверхности воды... и погибла всякая плоть... и остался в живых Ной и те, кто был с ним в ковчеге...»

«...И был потоп на земле...» – о чем идет речь?

«Землю» – твое желание – начинают «заливать воды потопа».

«Воды потопа» – это вопросы, которые буквально «захлестывают» тебя.

Мы уже говорили, что вопросы эти непростые.

Это вопросы разума, они земные, рациональные, прагматичные и вызваны проблемами, которыми озабочено тело.

В этих вопросах («водах потопа») присутствует «ангел смерти», который своими «Зачем?» и «Кто?» желает потопить человека.

Да, тело становится «ангелом смерти», когда ты начинаешь свой путь к духовному возвышению. Снова и снова, в тысячный раз, одни и те же вопросы: «Зачем тебе нужно это занятие? Какой в нем прок? Надо думать о себе, а то, к чему ты стремишься, называется "работой не на себя". Что ты получишь от нее? Чем оплатит тебе Творец исполнение Его заповедей? Стоит ли столько трудиться ради того, что ты получишь?..»

Это сопротивление и возражения тела выражаются вопросами «зачем?» (ма?).

Если ты возражаешь телу, говоря, что надо верить в Творца, что Он управляет всем во имя добра, то тело возмущается еще больше.

Оно уже кричит: «кто?» (ми?). «Кто Такой Творец, что ты обязан Его слушать?! Если бы ты знал, чувствовал, видел, что Творец велик, то смог бы работать ради Него. Посмотри, насколько разумнее работать на какого-нибудь всеми уважаемого в этом мире человека, пожалуйста! Сколько угодно...»

Вот когда эти два возражения тела соединяются в тебе, то из вопросов «МА?» (зачем?) и «МИ?» (кто?) возникает одно слово – «МАИМ», что в переводе означает – вода.

МАИМ – вода – потоп.

ПОТОП

МАИМ – ПОТОП, в котором ты можешь умертвить свое духовное начало, если прислушаешься к вопросам тела, утопить все, что с таким трудом собирал в себе по крохам...

Не слушай их!

Потоп наступает как очень жестокая сила, которая способна погубить все. В ней действительно тонут желания, которые не выдержали этих вопросов, погибли в ее водах, то есть те, что «не вошли в ковчег», – **«...и погибла**

всякая плоть...». Однако весь парадокс заключается в том, что потоп в своей жесткости и очищает.

Он очищает лишь того, в ком *сильны желания достичь духовного мира*, только тогда человек словно не слышит рациональных вопросов тела, продолжая идти к Цели, несмотря ни на что. В этом случае о нем говорится, что он, «как Ной, соорудил вокруг себя ковчег» (нашел верные книги, инструктора, подходящее окружение) и спрятался, укрылся в «ковчеге» вместе с множеством своих частных, еще неисправленных желаний (они-то и будут исправляться по мере «плавания» ковчега).

«И был потоп на земле сорок дней, и умножились воды, и понесли ковчег, и он поднялся с земли...»

Что же означают эти 40 дней, в течение которых тело «обрабатывало» тебя, атаковало все твои желания своими «разумными», казалось бы, вопросами «Ма?» и «Ми?»...

40 – это очень важное число в духовном понимании, разумеется, здесь не говорится о сорока днях. Оно олицетворяет свойство отдачи, свойство Творца (позже мы еще будем говорить о 40 годах проведенных в пустыне, помните?..).

40 – числовое значение буквы «Мэм». Ее начертание на иврите выглядит так – «מ».

Видите, она напоминает замкнутое пространство, на самом деле это две соединенные вместе буквы «Далет» – «ד».

Одна из них – прямая (происходит от слова «дэлет», что в переводе означает – дверь), другая – перевернутая; соединенные вместе, они смыкаются, образуя символ мэм – מ. Однако в нужный момент они раскроются. Мы еще расскажем о том, что при этом произойдет... Тогда-то ты и родишься духовно.

Итак, если ты выстоял эти 40 условных дней под натиском вопросов разума, если не сломался, тогда «поднимается ковчег с земли» и «несут его воды», не топят... Это означает, что две буквы «Далет» закрываются, смыкаются, превращаясь в закрытую, «задраенную» букву «Мэм», и ты «плывешь».

Ты становишься духовным зародышем в утробе матери (Высшего) (в этой закрытой «МЭМ»), которая охраняет тебя, начинает заботиться о тебе, кормить, поить... Растить!.. Ты под полной защитой. Твоя Высшая мама (на иврите «Има») не даст тебя в обиду. Ты начинаешь плыть. Над водой. Навстречу Высшему миру.

«...И остался в живых только Ной и те, кто был с ним в ковчеге...»

Тогда для тебя «вода» – это свет милосердия, она очищает, помогает продвигаться, а не губит. Ты поднимаешься *над* водами потопа (в которых сейчас тонет наш мир, разрываемый эгоизмом и поддающийся диктату тела).

Итак, повторим еще раз, как же не утонуть, а очиститься во время потопа? Как стать «духовным зародышем», оказаться внутри «Мэм»?

Для этого необходимо взять соответствующие книги и начать себя «обливать» ими, словно чистой водой. Омывайся светом милосердия, который в итоге правильных занятий очистит тебя снаружи (ты притягиваешь его как магнитом, читая эти книги) и наполнит изнутри (ты раскрыт для света, открыт для его свойства отдачи, и тогда свет входит в тебя).

Именно свет милосердия и помогает тебе выявить из всех твоих желаний то, которое называется «Ной».

Тот же самый свет, как «воды потопа, заливает собой» те твои желания и силы, которые надо как следует «подержать в воде», чтобы очистить, и только затем использовать.

Сколько же времени твои желания духовного продвижения должны находиться в ковчеге?..

Пока «земля», то есть все остальные твои желания не «покрылись полностью водой», не УТОНУЛИ в свете милосердия и не очистились до такой степени, чтобы ты мог ими правильно пользоваться ради своего внутреннего, личного, единственного желания – «Ноя».

«...А вода все продолжала убывать вплоть до десятого месяца. В десятый месяц, в его первый день, показались вершины гор...»

Ты находился в ковчеге, отрезанный от всех эгоистических желаний... Ты не пользовался ими, пребывая «внутри» книг, мыслей о духовном возвышении, подобно зародышу в утробе матери... Ты был под защитой Творца, обволакиваемый, ограждаемый Им. Тебе было хорошо в этой тишине... Ты был как в раю. Вот ты окреп... вырос. Теперь постепенно наступает время твоего появления на свет... пора начать «выход из ковчега». До этого момента ты постоянно молился о своем рождении, это называется «поднимал МАН» к Творцу, к Высшему.

«МАН» расшифровывается как «женские воды» («околоплодные воды»).

Что это означает?

То, что ты должен начать самостоятельный путь, то есть «как по женским водам выйти из лона Творца наружу», родиться и начать работу со своими пока еще самыми «легкими» эгоистическими желаниями. Ты не брал их с собой в «ковчег», отложил до поры до времени, они уже хорошенько промылись, прочистились «водой потопа», и вот сейчас ты должен начинать исправлять их.

Тем самым ты становишься все ближе и ближе к духовному миру, к Творцу...

Потому что конечная цель – это исправление всего эгоизма. Только тогда ты почувствуешь себя свободным, бессмертным и абсолютно счастливым. Этого хочет от тебя Творец. Только при таком условии ты можешь быть рядом с Ним.

Ты уже двинулся по этому пути. Так не останавливайся!

Итак, «отходят воды» (как женские воды перед родами).

РОЖДЕНИЕ

«...А вода все продолжала убывать вплоть до десятого месяца...»

...и «появляется земля» – то есть ты подтягиваешь к себе первые эгоистические желания, пока еще самые поверхностные, самые легкие – «горы». **«...В десятый месяц, в его первый день, показались вершины гор...»**

(Вот они, девять месяцев созревания плода и его рождение в первый день десятого месяца.)

«...И было по истечении сорока дней, открыл Ной сделанное им окно ковчега. И выпустил ворона. И тот, вылетев, улетал и возвращался, пока не высохла вода на земле. И выпустил Ной голубя из ковчега... но голубь не нашел места, где бы он мог опуститься, и возвратился...»

Что происходит?.. Проверь себя, что ты сделал в тот момент, когда был «отключен» от материального мира, а теперь снова возвратился в него, но уже с определенной программой исправления? Ты взял «исправленные в ковчеге» самые легкие эгоистические желания «ворона» и «голубя» и ими словно «прощупал землю» (помни, что такое «земля»!). Тем самым ты, как будто спросил себя: «Не затянет ли меня снова эгоизм в свое болото?!..»

Почему это происходит по истечении 40 дней и что такое «окно», проделанное в ковчеге?..

40 – это свойство Творца, свойство абсолютной отдачи, материнское свойство. Так вот, ты сейчас словно проделываешь в нем маленькое «окошко», то есть привносишь в эту альтруистическую идиллию некий диссонанс, добавляешь туда «щепотку эгоизма». Тем самым ты проверяешь, может ли состояться контакт между альтруистическим свойством и эгоистическим (выпускаешь «ворона», затем, «голубя» – качества, прошедшие исправление в ковчеге). Можно ли установить контакт?.. Можно ли «высадиться на землю» или пока еще нет?..

Оказывается, пока еще нет – обе птицы возвращаются.

«...И подождал Ной еще 7 дней, и снова выпустил голубя...»

Что такое эти семь дней?..

В каббале 7 – это число, олицетворяющее маленькое, но полноценное желание.

Что значит «полноценное»? Это означает желание, в котором присутствует как альтруистическая составляющая (правая линия), так и эгоистическая (левая линия). Соединяя их, мы «рождаем» некую золотую середину, в которой смыкаются противоположные половинки, сводятся в одну линию (среднюю линию), образуя единое желание, направленное вверх, к духовному миру.

Этим и достигается совершенство всего творения, то есть ни одна сила не пропадает зря, ни одно слово не является лишним, а проблема только в правильном использовании всех сил и процессов, которые происходят в человеке.

Наше маленькое желание можно уподобить новорожденному младенцу. Он уже не находится в материнском лоне, он уже вовне... «вне ковчега»...

Этот «младенец» и есть наше маленькое желание, которое начинает осваивать следующую ступень исправления, называемую «вскармливание»... Новорожденный еще не умеет ходить, но уже дышит воздухом земли, требует пищи, «сучит ножками и ручками...», то есть к нашему желанию отдавать можно добавить щепотку эгоизма... Оно справится с ним, переработает, исправит его. Мы начинаем путь исправления... Относись к этому «младенцу» с нежностью, и все будет хорошо. Этот «малютка» еще вырастет и станет «руководителем нового поколения» – твоих остальных, пока неисправленных эгоистических желаний, он приведет их к исправлению – то есть к Творцу.

«...И явился голубь к нему (к Ною) вечерней порой, и вот: сорванный оливковый лист у него в клюве...»

Это означает, что уже можно приступать к действию. Пора выходить на землю и понемногу начинать работать с эгоизмом. Вначале осторожно, чтобы он не сломал еще нежные альтруистические ростки...

Что означает «оливковый лист у голубя в клюве»?..

Оливковый лист олицетворяет собой свет жизни, а этот свет можно получить только в альтруистическое желание.

То есть сейчас «твоему Ною» дают понять: «Ты сможешь, ты справишься с маленькими эгоистическими желаниями (исправишь их), ты достаточно омылся "водой" (светом милосердия). В доказательство этому, посылается тебе "оливковый листок" (свечение)».

Это еще не «оливковое масло», которое олицетворяет полный свет жизни, и не «оливки», а только «оливковый листочек» (не свет, а *свечение*), но можно уже начинать исправление маленьких эгоистических желаний...

«...и благословил Бог Ноя и сыновей его, и сказал им: плодитесь и размножайтесь и наполняйте землю...»

После того как ты преодолел этап исправления, называемый ковчегом, выстоял, возмужал, словно заново родился, ты можешь быть уверен, что больше потопов не будет. (Это и есть благословение Бога, данное «Ною и его сыновьям» – исправленным альтруистическим желаниям: **«...плодитесь и размножайтесь и наполняйте землю...»**)

Ты прошел это состояние, теперь альтруизм (свойство Творца) соединяется с эгоизмом (свойством творения). Наконец-то ты «выходишь на землю» и вступаешь на благословенный путь исправления эгоизма. Так или иначе, каждый должен будет проделать этот путь! Теперь до конечного исправления всего эгоизма (до «возвращения в Райский сад») твое продвижение будет направлено только вверх.

Есть такое выражение, и оно неизменно: «В духовном только поднимают и не опускают». Знай, что действительно все подъемы и спады, которые ты будешь ощущать на своем пути, ведут только вверх по духовной лестнице. Если тебе и будет казаться, что ты очутился в темноте, сбился с пути, что ночь длится слишком долго (ночью называются состояния духовного падения, когда «нет света»), знай, что это не что иное, как помощь на твоем пути. От тебя требуется только одно – покрепче ухватиться за все то, с помощью чего «строил ковчег», – и тогда ты почувствуешь, как в самое короткое время приходит утро (состояние подъема).

Почему происходят такие падения?

Просто свойство Творца в нас, свойство отдачи, настолько окрепло, что может справиться с очередной порцией эгоизма, которую ему немедленно и добавляют. Работа не должна прекращаться. Нам необходимо пройти полное очищение.

Поэтому ты в какой-то период чувствуешь падение (то есть слышишь вопросы эгоизма, который сейчас исправляешь). Он атакует тебя напоследок все теми же привычными вопросами: «Для чего тебе все это?», «Оставь, займись делом, зарабатывай деньги», – и так далее... ну, сам знаешь... Вопросы-то у эгоизма не меняются, они все очень логичные, земные... но его проблема в том, что *ты уже другой*. Ты почувствовал «вкус духовного состояния» и знаешь, что следом за ночью обязательно наступит утро.

Весь твой дальнейший путь – тот, что описан в Книге, – это только этапы исправления эгоизма с помощью свойства Творца.

Этот путь будет должно пройти все человечество.

ВЫХОД НА НОВУЮ ЗЕМЛЮ

«И говорил Всесильный Ною так: "Выйди из ковчега ты... всякое животное, что с тобою... пусть множатся они по земле, и пусть плодятся и размножаются на земле"».

Выход на «новую землю» – этот то, что происходит с тобой после КОВЧЕГА. Ты на «землю» смотришь уже по-другому и радуешься всему. Ты начинаешь осознавать, что абсолютно все вокруг дано тебе как помощь в духовном продвижении. Тебе помогают, и ты помогаешь, а любые страдания – это только корректировка, которая необходима для того, чтобы не сбиться с прямого пути, но все приходит из одного источника – от Творца.

Он *так* ведет тебя. Страдания уже «подслащены» твоим пониманием: они подмога, с их помощью ты проверяешь себя, смотришь, где отклонился от прямого пути. Ты работаешь с собой и поправляешь себя, снова ощущая подъем.

Все сказанное о страданиях можно пояснить одним простым примером. Измученный жаждой человек стоит возле ручья с чистой родниковой водой и пытается наполнить ею свой грязный стакан. Вода кажется ему невкусной, горькой, он не может пить, проклинает этот грязный ручей. (Так зачастую мы клянем Творца, посылающего нам страдания.). Когда человек наконец понимает, что вся причина не в воде, а в его сосуде, все меняется. Он начинает очищать сосуд... и вода уже кажется ему менее противной. Очистив же его полностью, человек пьет с наслаждением эту чистейшую родниковую воду, понимая теперь, что причина недовольства была совсем не в ней.

Так и мы. Люди, которые озабочены только своими земными проблемами, проклинают страдания, сваливающиеся на них, погружаются в эти страдания, обвиняя всех вокруг... Те же, в ком оживает точка в сердце, кто уже ищет путь в духовный мир, начинают осознавать, что страдания – великая помощь, они указывают «место» (желание), которое необходимо проверить, с тем чтобы понять: оно подлежит очистке, предназначено для исправления. Исправления поиском *правильного намерения*, и только этим!..

Желание остается – намерение меняется, и ты уже не дожидаешься следующего удара, а пытаешься найти связь с Высшим, чтобы Ему не надо было подгонять и поправлять тебя, чтобы можно было безболезненно и радостно двигаться вверх, где ждет тебя неизменный вечный и чистый свет Добра и Любви.

Он предназначен человеку. (Там постоянно струится чистая родниковая вода для любого жаждущего.)

Понимание всего этого и называется «выходом Ноя на новую землю»...

Новую, потому что та «земля», которая раньше была проклята Творцом (твои эгоистические желания), стала «плодоносить» (эгоистические желания соединились с альтруистическими), и поэтому на ней смогла «**зародиться жизнь**», постепенно приводящая человека к Цели Творения.

«И сказал Всесильный: "Вот знак союза, который Я полагаю между Мною и между вами, и между всяким живым существом, что, – на вечные поколения. /13/ Радугу Мою помещаю Я в облаке, и она будет знаком союза между Мною и между землею"».

Радуга – это ограничение, которое принимает на Себя Творец, удерживаясь от настоящего суда над человеком. Чтобы не устраивать больше «потопы и разрушения», а, несмотря на твои действия (ведь ты по природе эгоистичен!), вести тебя только к максимальному исправлению. Вести Добрым путем, путем Любви, несмотря на то что этот путь может восприниматься тобой как полный страданий. (Не забывай пример с грязным стаканом и чистой водой. Грязный стакан – ты, чистая вода – Он. Начинай мыть стакан – и почувствуешь настоящий вкус воды.)

Еще несколько слов о радуге. В ней семь цветов. Что это означает?

Семь цветов – это семь свойств (сфирот), из которых состоит наше маленькое, но полноценное желание, сочетание свойств отдачи и эгоизма – Творца и творения.

«И были сыновья Ноя, вышедшие из ковчега: Сим, Хам и Йефет; а Хам – это отец Кнаана. /19/ Эти трое – сыновья Ноя, и от них расселилась вся земля».

Твои исправленные желания называются «сыновьями». Сначала их три (здесь говориться о трех линиях: правой – от Творца, левой – от творения и средней – результате их соединения).

От них и «происходит все живое на земле».

Живым называется то, что противостоит эгоизму. Если порой тебе и кажется все вокруг неживым, не противостоящим эгоизму, а, наоборот, разрывающим мир на части, себялюбивым, ведущим к краху и смерти, остановись, подумай о цели и продолжи свою работу по исправлению себя и мира. Потому что все создано не зря, а только с одной целью – воссоединиться с Творцом. Поверь мне, это вот-вот тебе откроется.

Откроется и еще одна важнейшая вещь, что все управляется одним законом – Законом Любви!

«11. /1/ И была по всей земле речь одна и одни и те же слова».

Вот видишь, после «потопа» все желания направлены только к Творцу. Все они составляют единое целое друг с другом и с природой. Все наши желания («промытые» светом милосердия) «говорят» на одном языке – на языке любви к Творцу.

Однако впереди еще очень много работы, которую должны проделать эти первые альтруистические желания. Они должны двинуться навстречу эгоистическим, смешаться с ними и начать исправлять их от более «легких» к более «трудным» до тех пор, пока не будет исправлен весь эгоизм. Цель – «очистить стакан полностью».

Это произойдет позже. Сейчас же – мы только в начале пути.

«/2/ И случилось: когда двинулись они с востока, то нашли долину в стране Шинар, и поселились там...»

«...когда двинулись они...»

Любое движение – это постижение новой духовной ступени.

«...и поселились там..»

«Поселиться» означает начать смешиваться с новыми эгоистическими желаниями, которые проявляются на следующей ступени.

Вот тут-то и начинается проникновение одного желания в другое, которое приводит к неожиданным событиям. Каким?.. Следуем за Книгой.

«/4/ И сказали они: "Давайте построим себе город и башню, главою до небес, и сделаем себе знаменье, чтобы не рассеялись мы по лицу всей земли"».

Вот оно, первое и очень значительное событие, перевернувшее мир (как древний, так и наш), – начало строительства Вавилонской башни. История известная всем, действительно происшедшая более 5000 лет назад, но в то же время она очень актуальна и сегодня. Поэтому мы рассмотрим ее подробно и со всех сторон.

Хотя мы уже и упоминали об этом событии в самом начале повествования, приведем историческую справку, которая доказывает только одно: все, что происходит в материальном мире, имеет свой корень в мире духовном. Любые исторические события являются следствием того, что уже произошло в духовном измерении. Есть такое выражение: «Нет травинки внизу, над которой не стоит ангел вверху, который "бьет" ее и говорит ей: "Расти!". Так и в истории с Вавилонской башней. Она была, и исторические хроники подтверждают это.

ИСТОРИЯ СОЗДАНИЯ ВАВИЛОНСКОЙ БАШНИ

В начале XX в. немецкий археолог Р. Кольдевей обнаружил на месте древнего Вавилона руины башни размером 90x90x90 метров. Геродот, живший в 5 в. до н. э., описал башню как 7-ярусную пирамиду аналогичных размеров. Исторические источники повествуют, что в центре Вавилона был расположен храмовый город Эсагила, а в его сердце – Вавилонская башня – храм верховного божества Мардука. Называлась она Этеменанки, что означает «краеугольный камень Небес и Земли».

Эсагила являлась религиозным средоточием всего тогдашнего мира, где процветало язычество. Астрология, знаки зодиака и гороскопы, гадания, мистика цифр, спиритизм, магия, колдовство, заговоры, сглазы, заклинания, вызывание злых духов – все это зародилось в Эсагиле, дожило до наших дней, и именно сегодня происходит очередной всплеск этих варварских верований.

СОЗДАНИЕ МИРОВЫХ ЯЗЫКОВ

Существует научная гипотеза, что индоевропейские языки ведут свое происхождение от языка на котором говорили народы эпохи строительства Вавилонской башни.

Доктор Расселл Грей из Университета Окленда (Новая Зеландия) просчитал примерный «возраст» 87 индоевропейских языков и определил, что они, скорее всего, возникли в период существования Вавилонской башни и оттуда затем произошла их миграция: на запад – в Европу и на восток – в Индию.

«ВАВИЛОНСКАЯ БАШНЯ» ВНУТРИ НАС

Однако это – исторические гипотезы о факте существования Вавилонской башни, нам же важны *корни* всего, что могло там происходить в те далекие времена. Мы стремимся понять причину, соотнести ее со своим внутренним миром и сделать так, чтобы произошедшее разобщение не повторилось снова. То есть отсюда следует, что человек, постигая духовные миры, может влиять на причину происходящего и изменять судьбу свою, мира и человечества.

Итак, жители Вавилона принимают решение о строительстве «башни до небес». Для большей ясности и доказательности приведем цитаты из устной Торы. Это не менее уважаемый источник духовных знаний, который веками передавался устно из поколения в поколение, из уст в уста, от учителя к ученику, и никогда ранее не записывался. Он полностью основан на толковании письменной Торы. Вот о чем он нам повествует:

«Поколению Нимрода была известна история потопа, и они жили в страхе, что подобное событие может повториться. Поэтому они искали такое место, где все люди могли бы поселиться в полной безопасности. В конце концов они нашли долину в земле Вавилонской, достаточно большую, чтобы вместить их всех.

Итак, люди венчали Нимрода на царствование, так как все они поселились в Вавилоне, он фактически стал правителем всего населения Земли...

Нимрод предложил людям: "Давайте построим большой город, где сможем жить все вместе. И возведем в нем очень высокую башню". Подданные с восторгом приняли его предложение... "Построим-ка башню такую высокую, что она достанет Неба, и создадим себе имя. Иначе случится еще один потоп и рассеет нас по свету"».

Однако, в то время как все они были единодушны насчет необходимости построить башню, их мнения о цели ее возведения были различными.

Часть народа думала так: "В случае нового потопа мы залезем на вершину башни, и вода нас не достанет". Другая группа – те, кто говорили: "Мы создадим себе имя", – собиралась устроить на верху башни место для собраний, чтобы поклоняться там идолам и тем спастись от любой катастрофы. Третьи утверждали: "Несправедливо, что Творец один господствует над верхними сферами, ограничив наши владения нижним миром..."»

Слышишь, как заговорил эгоизм?!.. «Мы сами достигнем небес, своими силами, без помощи Творца, мы будем править миром, а не Он...» «Построим-ка башню такую высокую, что она достанет Неба, и создадим себе имя...»

Откуда такая смелость?.. Ты вступаешь на новую ступень – вот в чем все дело.

Благодаря тому, что ты справился с предыдущей ступенью, тебе добавляют эгоизма для работы, и он на этой новой ступени – хозяин. Зовут его «Нимрод». «...И так, люди венчали Нимрода на царствование, так как все они поселились в Вавилоне, он фактически стал правителем всего населения Земли...»

«Нимрод» – новая мощная эгоистическая сила, правящая всем эгоизмом.

С ней теперь тебе и надо вступить в бой.

ПАДЕНИЕ РАДИ ПОДЪЕМА

Сначала ты переживаешь падение. «День» для тебя становится «ночью», и опять возникает полное ощущение, что эгоистическая сила этой ступени побеждает. Кажется, забыто все, чего ты достиг раньше: как будто не «выстоял в потопе», как будто не было ни «Ноя, ни его сыновей»... Пасует твое желание отдавать перед силой «Нимрода».

(Исторически действительно именно в это время в Вавилоне происходит мощный скачок эгоизма, который переворачивает мир.)

Значит, падение? Падение. Больше того — необходимое падение!

Падение, которому следует радоваться.

Потому что с этого момента берется следующая высота духовной лестницы.

В тебе раскрывается новая ступень.

Почему падение?.. Подожди, а разве не так случается в нашей жизни?

Например, ты уже долгие годы работаешь начальником маленького отдела. Ты так давно на этом месте, что знаешь все про свой маленький, теплый коллектив, где совместно отмечают праздники, сплетничают друг о друге... И вдруг — повышение, отказаться от которого ты не можешь. Тебя переводят в состав руководства.

Вот уже бессонные ночи и постоянные мысли: «Зачем я согласился, долой спокойствие и счастье, которое было раньше...»

Новая ступень.

Надо привыкать к изменившимся обстоятельствам, к новым эгоистическим желаниям: большая зарплата, стремление понравиться подчиненным и директору, мечты о том, что это не последнее повышение, надо только выложиться – и тогда, чем черт не шутит, можно замахнуться и на должность главного инженера... и т. д.

Ничего не поделаешь – другая, более высокая ступень.

Это пример из нашего эгоистического мира.

Что касается мира духовного, то новая ступень – это прежде всего падение. Для тех кто понимает, падение есть начало очередного подъема, а значит, событие радостное. Что бы там ни происходило!

Ты уже знаешь: переработана некая порция эгоизма, тебе добавилась новая, начнется очередной подъем, значит, больше раскроется Творец. Это вдохновляет.

Великий каббалист РАШБИ, написавший книгу Зоар, находился на таких духовных высотах, которые невозможно вообразить.

Однако перед постижением каждой новой ступени он ощущал падение. Перед восхождением на самую последнюю, 125-ю ступень падение его было настолько глубоким, что он почувствовал себя не автором великой книги, а безграмотным рыночным торговцем. Он даже забыл алфавит, словно и не обладал никаким духовным постижением.

Отличие же его от всех прочих, ощущающих падение, только в том и состоит, что он точно знал: это состояние скоро пройдет, ибо оно предваряет переход на более высокую ступень. Надо только держаться, ведь перед подъемом добавляется и очередная порция эгоизма, которую необходимо исправить.

Никогда человек не может предугадать, что ждет его в духовном мире. Каждая новая ступень – путешествие в неизвестность. Низший не может постичь Высшего, который поднимает его, до тех пор, пока не окажется на уровне Высшего (то есть, как мы говорили, не постигнет имя этой Высшей ступени, или новое имя Творца).

Из всего вышесказанного ясно одно: в духовных мирах есть только подъем. И ощущение падения – это тот же подъем.

Восхождение на пути к Цели.

ВАВИЛОН ВЧЕРА И СЕГОДНЯ

Теперь вернемся в Вавилон. Что же мы видим?

На первый взгляд – временную победу эгоизма, то есть «Нимрода и его окружения».

Кстати, если мы говорим, что, постигая новую ступень, мы открывает для себя новые имена Творца, то получается, что и «Нимрод» – одно из Его имен. Почему? Потому что *не существует в мире никакой другой силы*. Это Творец создает нам препятствия на пути к достижению Цели, которые мы должны преодолеть. *Так* Он нас воспитывает. Очищает. Потому что мы должны стать достойными того подарка, который уготован нам в конце пути.

«...Построение башни было гигантским предприятием. Так как в земле Вавилона не было камня, люди изобрели новый строительный материал: они обжигали глину в печи и полученные кирпичи использовали вместо камней...

Кирпичи изготовлялись как будто сами собой: когда люди клали в кладку один кирпич, они обнаруживали в стене два кирпича, когда они клали два, то в стене появлялось четыре...»

Что слышится тебе в этом отрывке?.. Голос эгоизма, – «царя Нимрода и его людей», которые говорят: «Нам не нужна высшая сила, мы разовьем технологию строительства, мы будем верить только в свои руки, в собственный разум – и так победим». «...Так как в земле Вавилона не было камня, люди изобрели новый строительный материал...»

Разве не так происходит и сейчас?.. Но куда ведет нас прогресс?!

«...они обжигали глину в печи, и полученные кирпичи использовали вместо камней...»

Так же хотели победить и коммунисты, отказавшиеся признавать высшую силу и уверовавшие только в себя. Казалось бы, как красиво звучали лозунги о равенстве, братстве и любви (эгоизм коварен!). Однако за этими призывами не было высшей силы, не было Творца, все строилось «на земле», базировалось на эгоизме, без глубинного понимания того, что человек по своей природе эгоистичен, что рано или поздно все взорвется и ожидаемый рай превратится в ад.

То же самое до последнего времени происходило и во всем мире, особенно в Америке, пока не начался новый процесс осознания.

Осознания того, что никакой прогресс не сможет привести к счастью, если нет связи с Высшим.

Хотя вначале кажется, что приведет и благодаря прогрессу мы будем работать не 12 часов в день, а пять, что у человека будет оставаться больше времени для семьи, чтения, просвещения, самосовершенствования. Действительно, на первый взгляд все выглядело так здорово, будто можно всего достичь самостоятельно, только приложи руки и голову.

«...Кирпичи изготовлялись как будто сами собой: когда люди клали в кладку один кирпич, они обнаруживали в стене два кирпича, когда они клали два, то в стене появлялось четыре...»

Что же оказалось в результате: мы работаем сегодня намного больше, чем раньше; мы стали рабами предприятий; разваливаются семьи, стремительно увеличивается количество разводов и, соответственно, несчастных взрослых и детей; человек ищет забвения в алкоголе и наркотиках, впадает в депрессию, которая стала самой популярной болезнью нашего времени... Да, пещерный человек был гораздо более счастливым, чем мы!

Это и есть результат прогресса, который не связан с Творцом, то есть с *исправлением человека*, с обретением им свойства отдачи.

Что же тогда он дал нам?.. То, что мы уже все отчетливее начинаем видеть: *без связи с Творцом существовать невозможно*, – и это самый важный результат прогресса.

Без осознания необходимости исправления эгоизма нельзя подступаться ни к чему. Если человек «не исправлен» или не находится в процессе исправления, он всегда будет уязвим для уловок эгоизма («Нимрод» на стадии строительства Вавилонской башни, «Фараон» на стадии Египта...) и не остановится ни перед чем. Он развяжет войну, нажмет на ядерную кнопку, возьмет взятку, подставит ближнего, если ему это будет выгодно...

Потому что эгоизм продажен.

Уверен, что вот-вот весь мир придет к выводу, что обуздать эгоизм может только высшая сила. К ней мы и должны обратиться. Ты увидишь, читатель, что очень скоро мы все будем обязаны прибегнуть к ней, потому что у нас не будет другого выхода (а ведь лучше это сделать раньше, не путем неимоверных страданий, а через *осознание* той мысли, что необходима связь со Светом, с Высшей руководящей силой, необходимо заручиться инструкцией...).

«...Башня росла и росла и вскоре стала такой высокой, что требовался год, чтобы взобраться на

ее вершину. На башню вели две широкие лестницы, одна с восточной и одна с западной стороны. Та, что была с востока, использовалась для подъема грузов, а та, что с запада, – для спуска людей. Приходилось все время сновать вверх и вниз, чтобы доставлять строительные материалы.

Строители были настолько фанатичны в своем желании закончить башню, что, когда какой-нибудь кирпич падал вниз и разбивался, они причитали: "Как трудно будет заменить его". Однако, если человек срывался вниз и убивался насмерть, никто даже не смотрел на него...»

Именно так на первом этапе эгоизм гасит любые ростки бескорыстия: "человек срывался вниз и убивался насмерть, никто даже не смотрел на него..."»

Мы уже говорили, что человек (Адам) происходит от слов «подобен Творцу». Так вот, не нужно было людям Нимрода ничего подобного Творцу, они нуждались только в кирпичах для строительства. Вдумайтесь в эти слова, прочувствуйте их: «...человек срывался вниз и убивался насмерть, никто даже не смотрел на него...»

«...Однажды мимо места, где строилась башня, проходил человек по имени Авраам, сын Тераха. К тому времени ему исполнилось сорок восемь лет, и он был хорошо известен тем, что противился возведению башни. Еще раньше, когда к нему пришли и пригласили: "Присоединяйся к нам строить башню, ибо ты сильный мужчина и будешь весьма полезен", он отказался, заявив: "Вы отреклись от Творца, который и есть Башня, и решили заменить Его башней, сложенной из кирпичей!"»

Вот так реально и проявляется в нас альтруистическая сила, соответствующая этой эгоистической ступени, кото-

рая только и была способна победить «Нимрода». Называется она «Авраам».

Эта сила словно мимоходом бросает вскользь свое предостережение. Она еще не может справиться с нашим возросшим эгоизмом, но голос ее уже слышен, – и это крайне важно.

То есть ты начинаешь оживать, выходить из состояния падения. С новыми альтруистическими силами ты приступаешь к действию.

Тем временем развязка близится – вот-вот должно произойти «разрушение башни» (ничего нельзя построить на эгоизме, а только и только на связи с Высшим!).

ЧТО ДЕЛАТЬ

Книга дает совет: прислушайся «к Аврааму внутри себя», найди его среди эгоистического безумия и дай ему возможность действовать. Пусть вокруг визжит эгоизм и идет дикое сопротивление любым изменениям, направленным на духовное развитие, но необходимо понять, что другого пути нет. Все остальное перепробовано и – уже видно воочию – не принесло результата.

Решись, и у тебя все получится. Раскроется миру Авраам сегодняшний.

Именно поэтому сейчас скрытая до времени наука каббала открывается человечеству.

Прислушается человечество – пойдет путем созидания, соединения с природой. Не прислушается – пройдет путь страданий и все равно достигнет той же Цели.

Что такое соединение с природой?

Каббалисты более 5000 лет назад писали об этом в Книге Создания.

(Сегодня ученые путем экспериментальных исследований приходят к тому же самому выводу.)

Вокруг нас существует одинединственный закон, которому мы не соответствуем.

Закон Природы – это закон абсолютного Альтруизма, абсолютной Любви. Он действует вокруг нас во всю мощь. Это и есть Закон Творца.

А что же мы?

Мы эгоистически противостоим этому Закону. Вместо исправления постоянно растущего эгоизма, уподобления Природе создаем искусственную защиту от нее. Именно для этого мы развиваем науки и технологии.

Это и есть «возведение Вавилонской башни» – когда человек не желает исправлять себя, а жаждет властвовать над Природой.

Со времен Вавилона эгоизм, поэтапно развиваясь, достиг своего максимума. Человечество разочаровалось в изыскании возможностей наполнить свой эгоизм посредством технологического и общественного развития. Сегодня мы начинаем осознавать, что весь наш долгий путь был проделан впустую.

Можно сказать, что именно в наше время, в результате сложившегося кризиса и осознания тупикового пути развития, происходит «разрушение Вавилонской башни».

Теперь надо лишь сделать правильный выбор. В конце-то концов, сколько можно ошибаться и страдать!

Великий каббалист Бааль Сулам еще в середине 30-х годов прошлого века писал о том, что если человечество не одумается, то будет третья, а затем четвертая мировая война, в результате которых в мире останется лишь горстка людей, которая и соединится с Всеобщим Законом. Тогда-то и воцарятся в мире настоящий покой и истинная любовь. (Попытайся, читатель, перевести эти слова на язык Пятикнижия. Когда тебя не разрывает на части эгоизм, ты с радостью готов отдать себя окружающим, а Любовь – это результат отдачи, который испытывает каждая сторона.)

«В конце концов Творец "спустился" на землю вместе с семьюдесятью ангелами и стал вершить суд над тем поколением...»

Здесь говорится о том, что в результате разбиения альтруистическая сила (Творец, Закон) «спустилась на землю».

То есть эта сила вошла в эгоистическое желание (в «землю»).

Не пугайся слов **«...вершить суд над поколением...»** – это означает только то, что мы вдруг увидели себя такими, какие мы есть на самом деле. Осознали это в свете альтруистических искр, проникших в нас. Они, словно лучи фонарика, осветили тьму, сделали нас зрячими, и мы поняли, что все наши действия продиктованы одним только себялюбием.

«Я – эгоист!» – это единое эгоистическое ощущение состоит из 70 частных эгоистических желаний (70 сфирот).

В каждое из этих желаний при разбиении попала искра альтруизма и тем самым перевернула нашу жизнь, разрушила весь привычный порядок, заставила задуматься о себе!..

«...Представьте себе, как были удивлены те люди, когда однажды утром вдруг обнаружили, что не могут говорить друг с другом на *одном языке* и что они почему-то разговаривают на семидесяти разных языках».

То есть в лучах этого альтруистического света выяснилось, что каждое желание существует только «ради себя». Как и каждый человек на земле. Один не понимает другого, и все призывы к братству и любви – лишь пустые лозунги. Истинный альтруизм высветил пропасть, существующую между эгоистическими желаниями, людьми, народами, миром, и показал, что эгоизм не позволяет любить, быть вместе, говорить на одном языке. Эгоизм – это когда каждый желает для себя, это когда каждый говорит на своем, непонятном другому языке.

«...Языковое смешение произошло мгновенно. Люди обращались друг к другу, но не понимали ни слова.

Один говорил: "Дай воды!" Другой вместо этого протягивал ему глину. Один просил: "Дай мне веревку!" Но получал пилу. Известен случай, когда человек, получив пилу вместо веревки, ударил не понявшего его и убил. Начались жуткие раздоры и суматоха. Все взялись за мечи и принялись убивать своих друзей. Так погибла половина человечества».

В альтруистическом свете выясняется, что нет друзей у эгоизма.

Он призван довести человека до крайности, до тупика. Только тогда тот поймет, что оказался в ловушке, в рабстве у эгоизма, и не было у него никакой свободы воли, а все, что делал человек, делалось только по указке себялюбия.

Вдруг обнаруживается, что вместо созидания человек постоянно «убивал» себя и благодаря террору, наркотикам, бессилию, отсутствию наполнения оказался в конце концов, в отчаянном положении. Он не видит возможности дальнейшего продвижения, да и не желает двигаться ни в одном направлении. Он настолько удалился от Природы, что не понимает, откуда должно прийти спасение, и что надо делать... Это осознание и означает разрушение «Вавилонской башни» внутри нас.

И что же дальше?..

Дальше на помощь должна прийти наука, называемая каббала, которая зародилась еще в период древнего Вавилона. Она держалась в тайне все эти тысячелетия и теперь должна выйти на свет, потому что самостоятельно человечество никогда не поймет, как ему развиваться далее. Человечество будет все больше деградировать, пока не станет готовым воспринять каббалу, воспользоваться предлагаемой ею методикой исправления мира как способом решения всех проблем.

Между тем мы подошли к окончанию главы «Ной». Перед нами глава «Иди к себе» (в оригинале «Лех-Леха»).

ГЛАВА

«ИДИ К СЕБЕ»

ГЛАВА «ИДИ К СЕБЕ»

Уважаемый читатель, тебя ожидает подъем на следующую эгоистическую ступень, которая находится *в тебе*! На сцену выступают иные действующие лица – твои новые желания. У них только одна цель – помочь тебе достичь самого совершенного состояния.

Для того чтобы продолжить наше путешествие вглубь самих себя, надо вернуться немного назад, в тот период, когда ты, уважаемый читатель, был уверен, что сможешь самостоятельно все осуществить, сможешь своими руками все создать, что у тебя есть силы без посторонней помощи стать счастливым... это было *до разрушения «Вавилонской башни» в тебе*.

ЦАРСТВО ЭГОИЗМА

В то время в тебе правил «царь по имени Нимрод» – твой эгоизм. Ты преданно следовал за ним, ты верил и поклонялся только ему.

Вот как говорится об этом периоде в устной Торе (называемой «Мидраш»):

«...Сила и хитрость царя Нимрода вошли в поговорку. Все знали, что его рука, направленная в сердце оленя, никогда не била мимо цели. Горе тому, кто осмеливался усомниться в том, что Нимрод был богом, который сам себя сотворил: рядом с его троном всегда стоял палач...»

«Нимрод» в тебе — это естественный, достаточно развитый эгоизм, который хочет и может достичь всего... И нет у тебя никаких сомнений в этом!

«Все знали, что его рука, направленная в сердце оленя, никогда не била мимо цели...»

Вспомни, вся твоя жизнь, все твои намерения были сосредоточены только на том, чтобы жить единственно для себя. «Что это принесет *мне*?» — вот принцип, который вел тебя по жизненному пути. Все отношения с окружающими людьми, в сущности, основывались только на этом.

«Нимрод» всегда был твоей сутью. Он не принимал во внимание никого и ничто, кроме себя.

«Горе тому, кто осмелился усомниться в том, что Нимрод был богом...»

«Пускай все существует, но подо мной! То есть для меня. Я готов все принять, я готов платить, но я превыше всех! Поэтому не может быть, чтобы кто-то сотворил меня», — рассуждал твой эгоизм.

«...Нимрод был богом, который сам себя сотворил...»

«Мое «Я» — первично» — так ты ощущал себя. Ты не признавал никого, твой внутренний «Нимрод» правил бал, восседая на троне.

Трон — это власть, это «Вавилонская башня» внутри тебя, которая сопротивляется Творцу, восстает против Него.

Ты еще не знаешь, что она не устоит, что твой «Нимрод» ничего не добьется...

«...рядом с его троном всегда стоял палач...»

«Палач», который всегда стоит «рядом с троном», – это твое ощущение, что все не угодное эгоизму, смеющее его каким-то образом ограничить, сократить, ущемить, подлежит немедленному уничтожению.

Твой «Нимрод» не терпит рядом с собой ничьей власти. Вспомни в каких случаях ты испытывал самую сильную обиду и боль? Когда наносился удар по твоей сути. Ты считал себя униженным, если кто-то покушался, посягал на твое «Я», касался «святая святых внутри тебя», «бога, Нимрода» в тебе.

ПРЕДСКАЗАНИЕ

Далее в устной Торе говорится:

«...Однажды астрологи Нимрода почтительно приблизились к трону и пали ниц перед царем. "Великий государь, – объявили они, – нам стало известно о серьезной опасности, которая угрожает твоей власти. Звезды предсказывают, что в твоем царстве скоро родится мальчик, который будет отрицать твою божественность и победит тебя!"»

«Астрологи Нимрода» – это твой собственный страх, уважаемый читатель, который существует внутри самого эгоизма, страх перед тем, что *нечто* может поколебать его, то есть твою основу, твоего «Нимрода». Именно это опасение заставляет эгоизм постоянно заботиться о своем наполнении, благополучии: больше, еще больше, еще, еще... И как ни удивительно, но это непрерывное стремление наполниться приводит в конце концов к тому, что в тебе «рождается мальчик», который однажды победит твоего «Нимрода».

Что же такое «мальчик, который рождается в тебе»? Так дает себя знать следующая ступень, и возникает она все из того же «Нимрода» – твоего «Я», которое вдруг начинает понимать, что быть «Нимродом» – это несчастье. Неожиданно ты осознаешь, что такую жизнь нельзя назвать безоблачной, ведь тебе приходится постоянно заботиться о себе, «давить» остальных, быть начеку, оберегая свое «Я» от внешних посягательств, следить за тем, чтобы все время находиться на вершине, на своем «троне».

В то же же самое время ты не можешь уничтожить всех, кто представляет собой угрозу для тебя, – в противном случае над кем же ты тогда будешь властвовать?

То есть на самом деле твой эгоизм полностью, абсолютно зависим от тех, кто тебя окружает, и мы это видим на многочисленных примерах.

(Возьмем, скажем, киноактеров или звезд шоу-бизнеса, сверкающих перед окружающими белозубыми улыбками, свидетельствующими об абсолютном счастье. Однако так ли это на самом деле?

При всех своих огромных гонорарах они очень зависимы от мнения прессы, от продюсеров, от сборов, от режиссеров, от публики – словом, от всех, кто их окружает!

Очень часто они не выдерживают такого давления и попадают далее в зависимость от наркотиков, алкоголя в поисках выхода из той клетки, в которую загнал их собственный эгоизм...)

«Нимрод» у власти, и он требует, чтобы ему всегда подчинялись. «Сделай все возможное, чтобы тебя уважали, – твердит эгоизм. – Разбейся в лепешку, но сделай!»

Ты не в силах уничтожить свое окружение. Ты не в состоянии стереть их «Я». Даже если бы у тебя была такая возможность, – ведь тогда тебе не над кем будет властвовать. Ты же не можешь и не хочешь демонстрировать свое превосходство над стадом коров, например, тебе необходимо, чтобы тебя окружали интеллектуалы, чтобы именно они, а не бессловесные создания преклонялись перед тобой. Только тогда эгоизм живет. То есть твой «Нимрод» невероятно зависим от других людей. Он вынужден их поддерживать, должен им платить, он обязан их растить... и одновременно попирать.

Ведь именно в момент подавления окружающих он и возвышается.

Поэтому следующая ступень развития эгоизма, «Нимрода» в тебе, – это когда он начинает *сам осознавать* собственную зависимость, уязвимость и слабость.

Это процесс называется *осознание зла*, которое приходит в «Нимроде». Наконец у тебя возникает чувство, что твоя свобода чем-то ограничена.

Ты зависишь от всех. В этом состоит проблема царей, президентов, всех, кто находится у власти, но на самом деле это – проблема каждого человека.

Ты должен *постоянно* выстраивать вокруг себя пирамиду, но так, чтобы всегда оставаться на самом ее верху. Тебе необходимо, чтобы тебя уважали дети, жена, родственники, сослуживцы, пассажиры в автобусе или другие участники дорожного движения, лающая на тебя собака соседа... Но как долго можно пребывать в таком состоянии?!

Поэтому следующая твоя ступень – это «Авраам». Он – Свобода. Он – Подъем. Он – революционная идея, пришедшая к тебе после всех страданий и открытий по поводу того, что *отдача*, а не получение должна быть единственным смыслом твоего существования.

Отказаться, отбросить от себя все ненужное, ложное!

Вот такова новая ступень, нарождающаяся в тебе, в твоем «Нимроде».

Отсюда получается, что «Авраам» не может существовать без «Нимрода». «Нимрод» – ступень, предшествующая «Аврааму». «Нимрод» – чрезмерный эгоизм, который осознает, что в итоге он устремляется к самоуничтожению, если не будет найдена новая система наполнения, то есть если он не поднимется над собой. Но продолжим...

«...Однажды астрологи Нимрода почтительно приблизились к трону и пали ниц перед царем...»

Кто же они такие – «астрологи Нимрода»? Это *силы* в твоем эгоизме, которые говорят, что дальше так существовать просто невозможно. Это – промежуточные состояния, которые предсказывают, предвидят, предугадывают следующую ступень, которой должен стать «Авраам».

Итак, «астрологи» внутри тебя – это промежуточное состояние между «Нимродом» и «Авраамом».

«...Звезды предсказывают, что в твоем царстве скоро родится мальчик, который будет отрицать твою божественность и победит тебя!..»

Что означают в этом случае «звезды»? Это силы твоего внутреннего развития. Противостоять им бессмысленно. Будет так, как они говорят, даже если ты – сам царь Нимрод. Ты не можешь быть выше их. Рано или поздно, так или иначе, но эгоизм уступит место альтруизму. Точка! Ты станешь счастливым. Точка! Ты раскроешь для себя духовный мир, приняв его законы. Только к этой цели тебя направляют и, как ни сопротивляйся, приведут!

«...Нимрод повернулся к своим министрам: "Какие охранительные меры вы предлагаете?" Ответ последовал быстро: "Прикажи, чтобы отныне всех новорожденных мальчиков умерщвляли!" – Прекрасный совет! Созовите собрание архитекторов. Я издам указ сооружать специальные дома, в которых будут

держать всех беременных женщин. Надо позаботиться, чтобы в живых оставались одни девочки...»

Не пугайся, читатель, продолжай, пытаясь постичь внутренний смысл того, о чем здесь идет речь. Для начала поясню, что «сын, мальчик» на иврите «бен». А «бен», в свою очередь, происходит от слова «мевин», то есть «познание», «постижение». Постижение чего? *Нового уровня*. Именно его и боится твой «Нимрод». Это угрожает его власти. Чтобы обезопасить себя, эгоизм должен искоренить постижение, что иносказательно выражается словами «уничтожение мальчиков, сыновей».

«...Надо позаботиться, чтобы в живых оставались одни девочки...»

Девочки, дочери, женская часть в тебе, уважаемый читатель, – это *олицетворение желания получать*. Поэтому твой «Нимрод», напротив, говорит: «Пусть женщины рожают дочерей». То есть пусть возникают и проявляются все новые и новые желания – они будут служить только ко все большей и большей власти, приумножая славу, ко все возрастающему влиянию, давлению, подчинению, – с этим «Нимрод» согласен.

С чем он не в силах согласиться, так это с *иным способом наполнения желаний*. С новой методикой наслаждения, которая рождается в образе «Авраама».

Посмотрим на себя со стороны. Наши желания растут (это означает, что «у нас рождаются девочки»), но однажды мы замечаем, что они меняются качественно, то есть нас уже не удовлетворяет прежнее наполнение. Нам недостаточно просто посидеть у телевизора, просто попить пива. Количество денег уже не приносит удовлетворения. Ощущение, что ты большой начальник, – тоже. Не наполняют наше желание все эти достижения и обретения, и все тут!

Это означает, что наши желания не только выросли, но и *изменились качественно*, теперь нам хочется другого вида наполнения. Мы желаем и вместе с тем боимся его, понимая, что оно перевернет нашу жизнь. Это бунтует «Нимрод» внутри нас! Таким образом «он» решает, что все подобные мысли надо уничтожать.

Однако может ли «он» их уничтожить? Из нашего «Нимрода», из нашего же собственного неудовлетворенного эгоизма, прорастает *новое поколение*, и остановить этот процесс не-воз-мож-но!

Рождающиеся в нас девочки (желания) и мальчики (способы их наполнения) относятся к новой ступени. В каббале она называется *ступень бины*, которая имеется в нас. Это уровень отдачи, любви, милосердия. В результате этого процесса мы понимаем, что на данной ступени сможем наслаждаться неизмеримо больше, и у нас даже возникает ощущение, что бесконечно.

Прислушайся к себе, читатель, твой внутренний «Нимрод» как бы говорит: «Хорошо, я буду отдавать, я сделаю этот ход, но только ради того, чтобы самому получать наслаждение».

«Мне будет от этого хорошо, – думает "Нимрод", – я использую эту частичку бины, которая есть во мне, ступень отдачи, бесконечных наслаждений, но я употреблю ее себе во благо.

Я буду отдавать, буду! Но только ради того? чтобы от этого стало лучше мне!»

Это называется – использовать искру любви, искру Творца, которая есть в тебе и в каждом из нас, уважаемый читатель, но с выгодой для себя. Это и означает «умертвить сыновей», то есть получить весь свет, всю огромную энергию подъема, но ради собственного удовлетворения.

Однако оказывается — это невозможно! И вот-вот «Нимрод» в тебе поймет это. Пока не понимает. Он еще приветствует рождение девочек, то есть желаний новой ступени, но всеми силами пытается не допустить появления на свет «Авраама» — нового вида их наполнения. Он все еще думает, что это возможно.

«...Присутствовавший при этом обсуждении Терах, один из самых высокочтимых придворных, спросил в шутку: "Уж не думаешь ли ты поместить и мою жену в одно из этих сооружений? Она как раз беременная".
"Мы не имели в виду твой дом, Терах, — заверил его царь, — ты самый надежный из моих министров..."»

Терах (в Пятикнижие Фарра) — «один из самых высокочтимых придворных», правая рука Нимрода, он — идеолог Нимрода, идеолог эгоизма. Итак, эгоизм в тебе возрастает, и твой «Терах» должен найти новую методику управления этим разрастающимся эгоизмом — и чтобы ты, вместе с тем, мог продолжать наслаждаться.

«Терах» — это и есть *методика наполнения желания*. Поэтому, дорогой читатель, нам надо более подробно остановиться на «личности Тераха» — этом «идеологе эгоизма» — и понять, каким образом из него рождается твой «Авраам».

РОЖДЕНИЕ «АВРААМА» В ТЕБЕ

Рождение «Авраама» — это внутренняя революция, которая происходит в «Терахе», то есть в самом способе наполнения «Нимрода». Это «событие» знаменует собой то, что на новой ступени возрастающего эгоизма наполняться так же, как прежде, не-воз-мож-но! Необходимо коренным образом изменить сам метод наполнения. Эта революция и есть «Авраам».

Итак, из «Тераха рождается Авраам», чтобы полностью изменить способ наполнения твоего эгоизма, то есть «Нимрода» в тебе.

«...Однажды утром астрологи Нимрода еще раз попросили у него аудиенции. "Опасность все еще не устранена, о, царь! Над домом Тераха заметили мы звезду, которая металась по небесной тверди во все стороны и поглотила четыре звезды на востоке, севере, западе и юге. Это ясно указывает на новорожденного сына Тераха, который завоюет твое царство!.."»

Твоя внутренняя «звезда, которая металась по небесной тверди», и есть знамение о том, что методика «Авраам» – отдача. Это изменение эгоистического намерения от «себе» на полную отдачу – «от себя», и отныне эта методика «Авраам» будет властвовать над всеми четырьмя стадиями развития эгоизма, то есть над всеми твоими желаниями.

«...звезду, которая металась по небесной тверди во все стороны и поглотила четыре звезды на востоке, севере, западе и юге...»

С момента рождения «Авраама» в недрах твоего эгоизма ты начинаешь понимать, что все, наполнявшее тебя раньше, не имеет смысла, все прежние ценности тебя уже не удовлетворяют, жизнь пресна, а наслаждения пусты. Ты судорожно ищешь выход из этой тупиковой ситуации. Так рождается в тебе совершенно иной подход («звезда»), способ наполнения твоего желания, такая методика, которая откроет новую страницу в твоей жизни, реализует все новые желания, которые созданы в тебе (север, юг, запад, восток). Наступает для тебя, дорогой читатель, счастливое время: в тебе рождается новое *намерение* – отдавать.

Далее в устной Торе повествуется, что у Тераха рождается мальчик, которому дается имя Авраам. Понятно, что это в тебе рождается «Авраам», уважаемый читатель, именно в тебе. Ни о чем другом речь здесь не идет.

ОТКРЫТИЯ, СДЕЛАННЫЕ В ПЕЩЕРЕ

Какие условия роста ты должен создать своему «Аврааму»? Ты обязан поместить его в пещеру. Так и говорится в устной Торе: **«Терах приказывает спрятать его в пещере»**. Что же это означает – спрятать это твое новорожденное *намерение отдавать* – «Авраама» – в пещере? Это означает, создать «в земле», в твоем собственном эгоизме, особое пространство, в котором может развиваться «Авраам», бина, частичка Творца в тебе, иначе говоря – *намерение отдавать*. То есть в этом эгоистическом материальном мире, полном корыстных расчетов, ненависти, где люди используют друг друга ради собственного благополучия, ты должен «вырыть» для себя пещеру, иными словами, выбрать собственное окружение. Тебе необходимо найти товарищей, которые, как и ты, устремлены в духовное, книги, описывающие высоту духовных миров, инструктора, который начнет направлять тебя к духовной цели. Все это и будет означать, что ты «вырыл пещеру в земле».

Вспомни, уважаемый читатель, подобным же образом поступил и «Ной» – первое твое желание к духовному, которое проявилось на самом небольшом эгоистическом уровне. В Книге Бытия говорится, что Ной вошел в ковчег, в некую своеобразную пещеру, корабль, плывущий по водам, и спасся он только благодаря этому. Ему удалось не впитать в себя ценности этого эгоистического мира, и он вышел на берег, очищенный водами потопа.

Так и сейчас, на новой ступени развития эгоизма, все повторяется. Только рост «Авраама», который родился в тебе, происходит не в ковчеге, а в пещере, он воспитывается в особом окружении. Поэтому и говорится:

«...маленький Авраам вырос в пещере, далеко от шумного мира людей. Обладая необыкновенным умом, он признал Творца, когда ему было всего три года...»

Почему «три года»? Первая стадия развития, которую проходит «Авраам» в тебе, – это период *рождения*. То есть, как мы уже говорили, на более высоком уровне развития эгоизма в тебе зарождается новая методика ощущения духовного. Следующая стадия называется – *вскармливание*. «В пещере» твой внутренний «Авраам» проходит этап «вскармливания» окружением, трудами великих мудрецов, вслушивается в слова учителя и старается следовать им. Третья стадия (три года) – это уже *понимание*, стадия бины, ощущения духовного, осознания, что всем происходящим в этом мире управляет Высшая сила, которая ведет мир к его наилучшему состоянию.

Твой «Авраам» осознал это. Держись своего «Авраама»: он знает, куда должен привести тебя.

Говорится:

«...причем, сделал это самостоятельно, придя к этому выводу путем наблюдений и рассуждений...»

Наблюдение – постоянное развитие свойства бины в тебе, свойства Творца. Бина, как ты уже знаешь, происходит от слова «мевин», «авана», в переводе – «понимание».

Так происходит развитие методики. Так работает в тебе стадия «Авраама», ступень бины. Ты все больше и больше приближаешься к Творцу.

«...Может быть, мне следует поклоняться земле, рассуждал он, ибо ее плодами кормится человек?

Однако земля не всесильна, она зависит от неба, дарующего дождь.

Должен ли я поэтому поклоняться небесной тверди? Ясно, что над твердью небесной правит солнце, благодаря теплу и свету которого жив мир...

...Авраам пал ниц перед солнцем. Но когда опустилась ночь и солнце скрылось, чтобы дать дорогу луне, Авраам рассудил, что божеством в не меньшей степени может быть луна. Но и эту мысль он оставил, поняв, что поскольку луна светит только ночью, то она не может быть более могущественной, чем солнце, которое светит только днем...»

Ты понимаешь, что твой рост может происходить только благодаря такой смене твоих внутренних состояний: «дня», когда тебе все ясно, когда постижение духовного – самое важное дело твоей жизни, и «ночи», когда приходят сомнения, когда надо найти в себе силы и «дать по зубам» эгоизму. Именно из тьмы происходит твой рост. Из «Нимрода» – «Терах», из «Тераха» – «Авраам», и так далее.

Вот так ты очищаешься, пропуская себя через все свои состояния. «Ночь» сменяет «день», потом снова приходит «ночь», но уже на другой стадии твоего понимания (или наблюдения). И так, вместе с твоим «Авраамом», ты приходишь к выводу, что есть только одна сила, которая правит всем, и это сила – Творец, сила любви и отдачи. А «Авраам» – ее искра.

Самое важное понимание, которое пришло к тебе в результате всех наблюдений, это осознание того факта, что не сам по себе эгоизм является злом. Нет, зло есть использование эгоизма ради собственной выгоды. Если же использовать его не ради себя, тогда он перестает ощущаться как зло. Тогда ты словно покидаешь свою прежнюю оболочку, твой эгоизм становится созидательным, и ты испытываешь наслаждение от этого созидания.

Что же произошло?

Изменилось *намерение*, и эгоизм перестал быть умерщвляющим. Он стал создавать. «Я наслаждаюсь оттого, что отдаю. Те наслаждения, которые сейчас пробуждаются во мне, вечные, не угасающие, и они не уничтожают *желание наслаждаться*», – осознаешь ты.

Вот что делает простое намерение, – «Авраам» в тебе, – оно раскрывает перед тобой способ, как быть счастливым. Теперь ты понимаешь, что *желание и намерение* суть совершенно разные понятия. Намерение относится к мысли, замыслу, а желание – к его материальному воплощению.

В тот момент, когда ты действительно начнешь осознавать и подразделять в себе эти две силы – *желание и намерение*, – ты получишь мощное внутреннее ощущение становления. Ты начнешь отождествляться не с желаниями, а с намерениями.

Поменяется твое отношение к миру, к другим людям, ко всему, что тебя окружает. Эта перемена будет результатом того, что ты научишься подразделять все, происходящее с тобой, на «мое желание» и «мое намерение». «Я работаю только с намерением и не принимаю во внимание желание, – будешь говорить ты себе. – Мне совершенно неважно, каковы вообще мои желания. Я приподнимаюсь над плоскостью, где людей оценивают по их желаниям. Это уже не для меня. Я рассматриваю лишь намерения».

И это постепенное осознание того, что только *намерение*, а не желания, над которыми ты не властен, является в тебе *основополагающим* – позволяет тебе по-новому увидеть окружающий мир, все мироздание.

Коренным образом меняется твое мировоззрение: из *получающего* ты становишься *отдающим*. И это позволяет тебе увидеть истинный мир, увидеть Высший мир, увидеть Творца.

«...Авраам сделал вывод о присутствии всемогущего и мудрого Творца, Который стоит за всем этим... Очевидно, должен существовать какой-то один высший Разум, направляющий их...»

Теперь ты видишь, что над одним желанием может быть два намерения. Именно борьба намерений между собой происходит в тебе. Причем ни в коем случае не уничтожается предыдущее твое намерение – «к себе», этот корень эгоизма. Напротив, все базируется на его основе. Твой огромный эгоизм сохраняется, но наполняется он новым способом – с помощью «методики Авраама». В наблюдении за этими двумя намерениями и приходит понимание *Единственности Творца*, Единственности Высшей Силы, которая лежит в основе всего: ей подвластны и «ночь», и «день», и намерение «к себе», и намерение «от себя» – словом, *все*.

«...– Я не видел Творца, – сказал Авраам, – но в силах понять, что только могущественный и милосердный Бог мог создать этот изумительный мир вокруг меня и что только Его Высший разум способен поддерживать существование этого мира. Ему я и буду поклоняться!..»

Этот изумительный мир ты не мог видеть, пребывая в эгоистическом состоянии, потому что постоянно должен был заботиться о том, как наполнить себя. О каком изумительном мире могла идти речь, когда ты постоянно находился в состоянии беготни, был занят непрерывным поиском наполнения: деньги, власть, слава. Эгоизм растет, и снова надо его наполнять, и опять – деньги, власть, слава!.. И так – круг за кругом...

А тут говорится об изумительном мире, который видит Авраам. Этот изумительный мир ты сможешь увидеть, только соединившись, слившись с намерением «от себя». Если ты правильно используешь свой эгоизм, то в этом случае ты словно поднимаешься над ним и *так видишь будущее, твою дальнейшую жизнь*. Все устремления направлены на отдачу. Это и означает – «видеть прекрасный мир». Получать ради отдачи.

«Авраам» – это бина внутри тебя, это абсолютная отдача. «Мне ничего не надо, я хочу только отдавать».

Но таким ли совершенным кажется тебе это состояние?.. Ты спрашиваешь себя: «А где же весь тот эгоизм, над которым я поднялся, что с ним стало? В итоге я не наполняю его, а просто от него оттолкнулся, приподнялся над ним, и все. Мне же, родившемуся эгоистом, необходимо *научиться использовать свой эгоизм*».

Теперь ты задаешь вопрос как соединить твоего «Авраама» с твоей эгоистической природой? Поэтому-то позже «Авраам» и потребует, чтобы ему дали следующую ступень. Он настаивает: «Дай мне возможность реализовать свое абсолютное желание отдачи, дай мне сына, чтобы на этой ступени я научился наполнять свой эгоизм, отдавая!»

«...– Я не видел Творца, – сказал Авраам, – но в силах понять, что только могущественный и милосердный Бог мог создать этот изумительный мир вокруг меня...»

«Я не видел Творца» – что означает эта фраза в устах Авраама, а вернее сказать, в твоих устах, уважаемый читатель?.. Она означает, что, соединившись с «Авраамом», ты соединяешься со свойством милосердия в тебе (в каббале – хасадим). Ты словно получаешь возможность возвысится над этим миром, приподняться над ним, или, как мы говорили, ты поднимаешься над своим эгоизмом, не наполняя его. Оставляешь его в стороне. Поэтому и говорится, что Авраам «в силах понять», но «не увидеть».

Когда же ты будешь «в силах увидеть» Творца?.. Только тогда, когда в тебя войдет *свет жизни* (в каббале – ор хохма). Когда это произойдет?.. Когда твой «Авраам» постигнет новые ступени, то есть когда появятся «его сыновья», которые не будут «бежать» от эгоизма, а найдут способ, как наполнить его. Иначе говоря, сделают то, что является целью рождения человека: получить все наслаждение, уготованное для него Творцом.

ОБ ИДОЛАХ И О ТВОРЦЕ

«...Отец торговал фигурками идолов – а Авраам делал все, чтобы убедить людей не покупать их... Однажды случилось так, что отцу пришлось отправиться в поездку, и он оставил свою лавку на попечение уже повзрослевшего Авраама. Сыну он дал такие наставления: – Чем больше размер божка, тем более высокую цену проси. Если зайдет важная персона, предлагай идола побольше; менее значительному покупателю показывай то, что поменьше. – С тем Терах и уехал.

Однажды в лавку вошел внушительного вида широкоплечий мужчина.

– Дай мне большого идола, как приличествует моему положению! – высокомерно обратился он к мальчику. Авраам вручил ему самого большого идола, какой только был на полках, и мужчина достал из кошелька крупную сумму денег.

— Сколько тебе лет? — спросил у него Авраам.

— Пятьдесят.

— И тебе не стыдно поклоняться божку, которому всего лишь день от роду? — спросил Авраам. — Мой отец изготовил его вчера!

Смутившись, мужчина взял деньги обратно и ушел.

Вошла старая женщина. Она сказала юному продавцу, что ночью к ней в дом залезли воры и украли всех божков.

— Вот как? — спросил Авраам. — Если твои божки не в состоянии защитить себя от грабителей, то как же ты надеешься, что они будут защищать тебя?

— Ты прав, — признала женщина. — Но кому же нам служить?

— Творцу неба и земли, создавшему и меня, и тебя, и всех людей, — ответил Авраам.

Женщина ушла, ничего не купив.

Пришла другая женщина и принесла миску муки в виде подношения божкам. Авраам взял топор и вдребезги разбил всех идолов, кроме самого большого. Когда Терах вернулся и увидел разгром в своей лавке, он закричал: — Что здесь произошло?

— Зачем мне скрывать от тебя правду? — ответил Авраам. — Пока тебя не было, пришла женщина и принесла им в жертву немного муки. Каждый из божков воскликнул, что он хочет есть первым. Самый большой идол разъярился, схватил топор и разбил всех остальных.

— Что за чепуха? — удивился Терах. — Ты не хуже меня знаешь, что они не едят, не двигаются, а тем более не дерутся.

— Вот как? — возразил Авраам. — Если все так, как ты говоришь, то почему ты им служишь?»

Твой «Авраам» приступает к действиям. Он начинает «рассказывать» другим твоим желаниям — большим и маленьким, сильным и слабым, «мужчинам и женщинам» в тебе, — что такое эгоизм, который правит тобой. То есть «Авраам» впервые проявляется в тебе, уважаемый читатель, как *учитель*. Он говорит тебе следующее: «Эгоизм не сможет охранять тебя, не сможет поднять, наполнить. Не сможет!» И что интересно, «Авраам» обращается к тебе — эгоисту, и говорит, что твои эгоистические желания никогда не наполнятся. То есть «он» призывает эгоизм искать другие способы наполнения. Искать *эгоистически* — да, чтобы наполниться, но именно этот поиск и приведет к Творцу. Получается, что эгоизм занимается самоуничтожением.

О том же говорит и величайший каббалист Бааль Сулам, рассказывая о раскрытии в человеке пустоты, ненаполненности, когда человек спрашивает: «Для чего я живу? В чем смысл моей жизни?» Эгоистический вопрос, но он приводит человека в результате к иному использованию своего желания, уже неэгоистическому. Итак, по сути, эгоизм сам себя ведет к цели: к правильному использованию.

Почему и как это происходит в тебе? Да потому что ты — особенный, в тебе уже проснулась «точка в сердце», (в других пока нет, но и в них это вот-вот произойдет). В тебе есть качество бины, заложенное во всех нас. Иначе ты бы ничего не воспринимал и перестал читать эту книгу уже на первых страницах. Точка бины, она и называется «человеком» в тебе – «Адамом» в тебе, как мы уже говорили.

Так вот, это свойство бины постепенно начинает тебе указывать на твой эгоизм и говорить: «Ты неправильно его используешь». Это делает «Авраам» в тебе. «Ты неправильно работаешь со своей природой. Она не сможет тебя защитить, не сможет ничего дать тебе. Она является просто неодухотворенной, как все эти божки. Они сделаны всего лишь из глины...»

Еще раз обратимся к Мидрашу:

«...Авраам взял топор и вдребезги разбил всех идолов, кроме самого большого. Когда Терах вернулся и увидел разгром в своей лавке, он закричал: – Что здесь произошло?

– Зачем мне скрывать от тебя правду? – ответил Авраам. – Пока тебя не было, пришла женщина и принесла им в жертву немного муки. Каждый из божков воскликнул, что он хочет есть первым. Самый большой идол разъярился, схватил топор и разбил всех остальных.

– Что за чепуха? – удивился Терах. – Ты не хуже меня знаешь, что они не едят, не двигаются, а тем более не дерутся.

– Вот как? – возразил Авраам. – Если все так, как ты говоришь, то почему ты им служишь?...»

«Терах» в тебе (да ты сам!) понимает, каким «богам» молится. Ты сам прекрасно осознаешь, что обожествляешь эгоизм, который наполнить не можешь. Понимаешь, что эти желания «неживые» – это значит, что свет просто не в состоянии в них войти, потому что природа света абсолютно иная. Все это понимает «Терах» в тебе, то есть ты, как понимаешь и то, что желания эти властвуют над тобой и тебе от них никуда не деться. И еще ты понимаешь, что «Авраам» – это следующая ступень «Тераха». И это самое важное понимание. Ты, уважаемый читатель, осознаешь, что создан эгоистом, и уже чувствуешь, что сможешь победить свою природу, только раскрыв в себе свойство Творца – любовь, желание отдавать: раскрыв в себе «Авраама».

Итак, в тебе сосуществуют две противоборствующие силы. Одна сила говорит, что это твой мир, так живут все и никуда от этого не деться, ты таким рожден, ты продолжаешь продавать и покупать «божков», то есть использовать свой эгоизм для того, чтобы получать хоть какие-то, пусть кратковременные наполнения, наслаждения. Другая сила, напротив, уверяет тебя, что все обман, этот мир вокруг, который молится на эгоизм, на наслаждения, на этих «божков», в которых нет ничего божественного, потому что они никак не связаны с Творцом, лжив и ложен. Просто ты пока не видишь, что внутри всего и абсолютно за всем находится Творец, который умышленно запутывает тебя, но ты уже готов принять ступень «Авраама» как наиболее прогрессивную, понимаешь, что она-то и поможет тебе во всем разобраться.

Итак, сказано в устной Торе, что царь приказал своим воинам разыскать Авраама. Авраам и Терах появляются во дворце.

«...Нимрод восседал на троне... Всякий, кто приближался к трону, обязан был пасть перед царем ниц... Но Авраам, когда его ввели в тронный зал, остался стоять...»

«Нимрод» восседает на троне, потому что это твоя природа, твое «Я», твоя основа, которая состоит в том, чтобы все работало на тебя, и казалось бы, эту основу ничем не поколебать. Но твой «Авраам» не хочет преклоняться перед идеологией использования других для собственного наполнения. Он согласен, что такова природа – желание наполниться. Но он хочет использовать это желание не ради себя, а ради других. Он хочет научиться отдавать. И ты с ним. Начинается твой постепенный отрыв от эгоистического желания, который в будущем перейдет в приказ, который ты получишь непосредственно от Творца: «Уходи из страны своей...», – что означает «откажись из своего эгоистического желания...». Но об этом мы будем подробно говорить позже. А пока, как я уже сказал, происходит твой отрыв от эгоизма. *Ты не хочешь получать никаких эгоистических наслаждений.*

Потом, когда эта цель будет достигнута и ты (соединенный с «Авраамом») сможешь подняться над своей природой, наступит другая фаза, гораздо более сложная, но необходимая, – тебе придется снова соединиться с эгоизмом, но теперь ты сделаешь это уже с другим намерением: «Я получаю наслаждение, доставляя его другим».

И вот между твоим «Авраамом» и твоим «Нимродом» идет спор, который так описан в устной Торе. Я приведу только маленький отрывок из него.

Нимрод: «Мне подчиняются солнце, луна и звезды!..»

Авраам: «Каждый день солнце восходит на востоке и заходит на западе. Прикажи, чтобы завтра оно взошло на западе и село на востоке... Или выполни другую мою просьбу (если ты всесильный). Открой мне, о чем я сейчас думаю и что собираюсь сделать... И вывод, который делается в присутствии всех придворных, – Никакой ты не бог!»

«Стража, – крикнул Нимрод, – немедленно в тюрьму этого бунтовщика!»

То есть твой «Авраам» хочет показать твоему «Нимроду», твоей основе, тебе, что эгоизм не владеет и не управляет ни собой, ни природой. Он не знает никаких сил, которые управляют им, хотя сам и уверен, что он – бог. Почему человек так думает? Потому что находится в состоянии скрытия. Вспомни себя прежнего. Неужели ты не думал, что у тебя есть полная свобода и никто и ничто тобой не управляет, что все решения принимаешь только ты? «Авраам» сейчас показывает тебе, что это не так, что ты не можешь управлять ни собой, ни своей судьбой. И это действительно открытие для твоего «Нимрода».

Получается, что невозможно без «Авраама» увидеть, насколько ты ограничен. И это раскрытие не из приятных для тебя. Как это так нет свободы воли?! Как это так я не владею своей судьбой?! Не верю! Не хочу верить!

ТЮРЬМА

Авраама бросают в подземелье на десять лет.

Дорогой читатель, знай, все, что происходит в твоей жизни (абсолютно все!), делается только для твоего блага. Вся твоя земная жизнь – это не что иное, как твой путь к Творцу, Который и ведет тебя к Себе.

И «подземелье», в которое бросают сейчас твоего «Авраама», – это самое оптимальное на данный момент для тебя состояние.

Твой «Авраам» должен до конца осознать, что он полностью связан с эгоизмом. Как говорится, ощутить «на своей шкуре», не умозрительно – нет! – а именно *прочувствовать!* Единственная возможность добиться этого и воочию убедиться, что эгоизм есть зло, темная сила, не дающая тебе свободы, – поместить тебя «в глубь земли», «в подземелье», в самую темную, внутреннюю эгоистическую часть, где ты почувствуешь, что тебе очень плохо. Что ты не свободен. Это ты сможешь сделать только «в темнице» эгоизма, в «недрах земли». Снова и снова напоминаю, что слово «земля» – «эрэц» и происходит от слова «рацон» – желание.

То есть ты сейчас помещаешься в «земные глубины» – внутрь твоего желания. Это важный опыт для твоего «Авраама», он должен прочувствовать и пройти через все, чтобы затем оторваться от эгоизма.

Авраам преодолевает сейчас стадию, которую проходит любой человек, который никак не может отказаться от своего эгоизма. Хотя он всеми силами желает каким-то образом совместить его с тем, что изучает, то есть хочет продолжать оставаться эгоистом и в то же время соединиться с Творцом.

Итак, он ощущает себя «заключенным в тюрьму».

Период, когда человек чувствует себя словно томящимся в темнице, является *подготовительным* и может оказаться очень длительным.

В каббале такое состояние называется *двойное скрытие Творца*. Потом наступает период *одинарного скрытия*, все эти этапы являются стадиями «пребывания в темнице».

Ты уже знаешь, что существует Высшее управление, ты уже с «Авраамом», но осознаешь, что свою природу тебе не удается победить.

Именно это состояние и называется «тюремным заключением»... Оно длится до той поры, пока ты не начинаешь понимать, что можешь выйти на свободу, но не за счет собственных усилий, а только в том случае, если тебя вызволит оттуда Творец.

На такое осознание уходит время.

Десять лет твой «Авраам» находится в темнице – так говорится в устной Торе. Само собой разумеется, что речь идет не о земных годах, твое освобождение может произойти в одно мгновение. Спустя десять лет Нимрод наконец понимает, что сломить Авраама невозможно, и отдает приказание казнить его.

СМЕРТЬ, КОТОРАЯ НЕ ПРОИЗОШЛА

«...Нимрод приказал своим людям приготовить в своей столице Ур Касдим печь для огненной казни...»

Что называется смертью? Смерть – есть «выход света».

«Казнь огнем» – это когда тебе дают столько Света, столько наслаждения, что ты не выдерживаешь и начинаешь использовать его для себя. И тогда тебя сжигает позор. Ничего страшнее этого быть не может.

Такое испытание сейчас готовят твоему «Аврааму». Он уже на пути к Творцу, он испытал это счастье – приближение к Свету, к существованию по закону любви и отдачи. Теперь же его против воли помещают в такие условия, которые могут «сжечь его».

Уважаемый читатель, вообрази, что тебе дают всё. Абсолютно всё, о чем только ты можешь мечтать: и деньги, и положение в обществе, и власть, и славу, и здоровье, и даже ощущение, что ты продвигаешься к духовному раскрытию... как говорится «делают предложение, перед которым ты не можешь устоять». Связывают тебя эгоистическими узами и дают время подумать – три дня.

«...Аврааму пришлось три дня простоять в цепях, пока рабы Нимрода обкладывали дровами – и снаружи и изнутри – печь для казни...»

«Три дня» – это три линии. Когда одолевают сомнения, что предпочесть. Сомнения и есть цепи, которыми скован твой «Авраам». А выбрать следует среднюю линию, об этом мы уже говорили раньше, – *веру выше разума*.

Здесь в устной Торе практически впервые появляется новое действующее лицо – мать Авраама, Амтэлей. Она выходит вперед и просит:

«...– **Один лишь разочек преклонись перед Нимродом,** – прошептала она Аврааму, – **и тебя простят, сынок...**»

Что это за ступень внутри тебя – «мать Авраама»? «Матерью» называется уровень эгоизма, который подпитывает тебя. «Отец» – *намерение*. «Мать» – *твой эгоизм*. Ты еще не оставил дом твоего «отца и матери», твоих природных желаний, и поэтому «мать» может приблизиться к тебе. То есть (как мы говорили, и я не боюсь повториться) тебя посещают сомнения, очень естественные, «близкие как мать», которые ранее могли тебя «уговорить», и это последний экзамен перед твоим прыжком на очередную духовную ступень. «Один лишь разочек преклонись перед Нимродом...» «Один разочек возьми то, что он предлагает тебе». «Взять» – это значит наслаждаться самому, не думая ни о ком другом.

Авраам не соглашается, и так происходит полный отрыв от предыдущей ступени. Окончательный. Твой «Авраам» показывает, что не имеет никакого отношения ни к «отцу» – старой, отжившей идеологии, ни к «матери» – прежнему уровню эгоизма.

Отрыв этот – олицетворяет начало стремительного движения твоего «Я» к тому моменту жизни, когда последует приказ: «**...уходи из страны твоей, от родни твоей и из дома отца твоего в страну, которую Я укажу тебе...**»

Ты уже и сам начинаешь понимать, что стоит здесь за каждым словом, не правда ли? Если нет, то потерпи немного, вот-вот все прояснится.

«**...И тогда рабы Нимрода подожгли с разных сторон пирамиду дров...**»

«Рабы Нимрода» — это те желания, которые служат твоему эгоизму. Кто может спасти тебя? Ты слаб. «Желания, служащие Нимроду», — велики, тебе не устоять! Вот-вот ты сдашься... и «сгоришь» (от стыда, как мы говорили уже). И ты молишься. По-настоящему. Из глубины сердца. И тогда Творец отвечает...

«...Творец ответил: "Подобного Мне нет на небесах, а подобного Аврааму нет на земле. Я Сам спущусь, чтобы избавить его от огня!"» И Ашем Сам повелел пламени не причинять Аврааму вреда...»

Перетащить тебя с одной ступени на другую может только Высшая сила. Когда нет никакой надежды, когда разум тебе уже не помощник, потому что ты решаешь идти выше разума — верного слуги эгоизма, — то есть ты решаешь подняться над ним...

Вот тогда и происходит «чудо» («чудо» с точки зрения эгоизма, но закономерность в духовном) — тогда сам Творец «втаскивает» тебя с одной ступени на другую. То есть ты полностью отождествляешься с частичкой Творца в тебе — биной. Ты поднимаешься «над землей», над малхут, над эгоизмом. И «огонь» тебе уже не может ничего сделать.

«...Дрова превратились в восхитительные ветки, усыпанные плодами...»

Ты сгоришь от стыда, если используешь Свет наполнения ради себя. Если же используешь его ради отдачи, то «дрова», которые должны были тебя сжечь, превращаются в плоды, которыми ты даже можешь питаться, то есть «наполняться ими» и идти вперед.

«...И на глазах у пораженной толпы невредимый Авраам вышел наружу.

— Почему ты до сих пор жив? — спросил Нимрод, трясясь от страха.

— Б‑г, Который сотворил небо и землю и над Которым ты издевался, спас меня от смерти!..»

То есть твой «Авраам» показал всем, что можно приподняться над эгоистическим желанием и именно таким образом спастись от ничтожной природы, которая тобой управляет. Можно «выйти из нее» — и таким образом, никто над тобой не будет властен.

И «все» (все твои эгоистические желания) видят, что это возможно. Потому что они тоже находятся на уровне «Нимрода». Они понимали, что пребывают во власти эгоизма, Нимрода, но не видели способа выйти из него. И сейчас Авраам показывает, что есть такой способ.

«...Изумленный и напуганный царь пал ниц перед Авраамом. Все министры последовали его примеру. Не преклоняйтесь предо мной, — сказал Авраам, — лучше поклонитесь Богу живому, Создателю Вселенной!..»

Свойство, которое ты приобретаешь, не дает тебе возможность возгордиться, ты уже понимаешь, откуда приходит к тебе спасение, и ты всё и всех направляешь к этому корню жизни, к Творцу, к свойству отдачи. К Свету, который раскрывается в тебе. Это и есть то, что называется «Бог живой».

Сказано в устной Торе, что после всех произошедших событий семья Тераха перебирается в Харан.

САРА, ЖЕНА АВРААМА

«...Авраам женился на своей племяннице Сарай, дочери Арана. Она была на десять лет младше Авраама, но не уступала ему в праведности, а позже даже превзошла своего супруга в даре пророчества...»

Вот и появилась Сарай (она же – Сара), жена Авраама, очень важный образ. Знай, когда в письменной или устной Торе идет речь о женщине, то подразумевается «твоя внутренняя женщина». (При этом не важно, мужчина ты или женщина.) Здесь говорится о *желании получать* в тебе. Это и есть твоя «внутренняя женщина». До тех пор пока «женщина» в тебе существует без *правильного намерения*, она работает на разрушительный эгоизм. Если же «к ней» прибавляется правильное намерение, то «женщина» в тебе становится созидательной силой. Вот и сейчас «Авраам» – *намерение отдавать*, женясь на «Саре» – *желании получать*, – превращает ее в праведницу. Желание «Сара», соединяясь с «Авраамом», становится *желанием получать, – но не для себя, а с намерением отдачи*. «Сара» становится чистым, светлым состоянием. И ты начинаешь понимать, что такое *настоящее счастье*. Что такое думать о ближнем, а не о себе, что такое истинная любовь.

И действительно, правильно говорится, что «Сара» становится выше, чем «Авраам», так как в ней есть эгоизм, которого нет в «Аврааме», потому что, как мы говорили, он изначально чист, он – свойство бины в тебе. Сара же становится матерью всех.

Так «Авраам» начинает присоединять к себе и очищать эгоистические желания. Первое, наиболее близкое к нему – «Сара», за «ней» последуют «его ученики», о которых мы еще будем говорить, потом «сыновья» – «Ицхак», «Иаков» и так далее и так далее, пока ты не очистишься полностью. Потому что, как ты понимаешь, мы все время говорим о тебе. О тебе, и только о тебе, уважаемый читатель.

Написано о Саре, что «...позже даже превзошла своего супруга в даре пророчества...».

И в этом нет сомнения, потому что «Авраам» в тебе оторван от эгоизма, он – абсолютная отдача, а «Сара», напротив, олицетворяет твое эгоистическое желание. Поэтому в соединении с «Авраамом» «она» становится очень значительной «фигурой» (желанием в тебе).

Сара ближе к земле, как говорится, как и всякая женщина в нашем мире, она «не оторвана от жизни» и в тоже время связана с Авраамом, поэтому она может предвидеть, ее понимают и восторгаются ею, говорят о ней – «великая пророчица Сара».

Но вернемся к устной Торе.

Сказано, что «к тому времени Аврааму исполнилось ровно семьдесят лет».

Это означает, что все семь сфирот (хесед, гвура, тифэрэт, нэцах, ход, есод и малхут), то есть весь «Авраам», все это «желание в тебе» становится исправленным (присоединив к себе и предыдущую ступень – «Тераха, который поверил в правоту сына»). Поскольку каждая сфира в отдельности состоит еще из 10 сфирот, то всего их семьдесят.

УЧИТЕЛЬ

Только теперь «Авраам» в тебе может обучать. Соединившись с «Сарой», достигнув возраста «семидесяти лет», «он» стал наконец *полноценным желанием.*

«Он» уже не витает в облаках, «Сара» опустила его «на землю», «он» может соединиться с «людьми» в тебе, чтобы преподавать «им», и «его» не сочтут чудаком, как прежде. Теперь «он» найдет понимание.

«Он передает учение» и так присоединяет к себе все новые и новые желания, очищая их.

Вот как говорится об этом в устной Торе:

«...чем занимался в Харане Авраам? Он созывал народные собрания и провозглашал на них истину о Едином Творце, призывая людей служить Ему... Кроме публичных речей, он устраивал дискуссии, на которых отстаивал свои утверждения в споре со всяким, кто подвергал их сомнению. Он также сочинял книги, доказывающие бессмысленность идолопоклонства. Таким образом Авраам привлек на свою сторону десятки тысяч последователей, признавших существование Ашема...»

Уважаемый читатель, именно таким образом «Авраам» собирает в тебе все чистые альтруистические желания, которые впоследствии будут названы «народ Израиля». (Израиль происходит от слова «исра» – прямо и «эль» – к Творцу; важно понять, что здесь ни в коем случае речь не идет о национальности или государственной принадлежности). Внутри тебя создается «народ Израиля» (желания, направленные к Творцу).

Кроме того, совершенно правильно говорится, что:

«...Авраам... непрерывно путешествовал по земле, распространяя веру в Творца...».

То есть сейчас в тебе идет постоянный поиск все новых и новых желаний, которые можно было бы присоединить к «народу», иначе говоря, *исправить, прибавить к эгоистическому желанию альтруистическое намерение.*

«УХОДИ ИЗ СТРАНЫ ТВОЕЙ»

Уважаемый читатель, мы с тобой уже достаточно долго совершаем путешествие по страницам устной Торы, и тому есть своя причина: только в ней подробно излагается история Авраама, начиная с того момента, когда ты едва начинаешь его чувствовать, то есть с самого «рождения», и далее. В устной Торе описывается все, что происходит с ним до того момента, пока вдруг сам Творец обращается к нему.

Итак, мы приступаем к тому, что написано об этом в письменной Торе. Впервые за все время есть прямое обращение Творца к «Аврааму» в тебе, чего еще не было раньше. Почему же сейчас есть? Потому что только теперь «Авраам» в тебе в состоянии это услышать. Раньше ты был другим и не мог этого воспринять. Приказ Творца в то время показался бы тебе по меньшей мере странным.

«...И сказал Бог Аврааму: "Уходи из страны твоей, от родни твоей и из дома отца твоего в страну, которую Я укажу тебе.

И Я сделаю тебя народом великим, и благословлю тебя, и возвеличу имя твое, и ты будешь благословением..."»

Начинается «путешествие» твоего «Авраама» с теми желаниями, которые он смог присоединить к себе, с «Сарой», с «домочадцами», «учениками», «странствие... из страны твоей, от родни твоей и из дома отца твоего...». То есть ты должен оторваться от всего этого.

Оторваться «от земли», или от всех тех своих желаний, которые на данный момент исправить не можешь. Придет и их черед, но пока ты оставляешь их и начинаешь существовать только с теми желаниями, которые можешь присоединить к бине – частичке Творца в тебе, к этому страстному *желанию отдавать*, которое ты обрел.

С ними ты должен прийти к такому духовному уровню, который называется Храм (Первый и Второй). Это уровень желаний, на которых находятся цари «Давид» и «Соломон» в тебе.

Поясню, забегая вперед, что, достигнув их уровня, то есть полного исправления тех желаний, которые сейчас «взял с собой», ты должен будешь потом снова упасть в пропасть эгоистических желаний, которые временно оставил. Ты – исправленный – должен будешь снова смешаться с «Нимродом», с «Терахом», с «Хараном»... потому что у тебя уже *будут силы исправить их*. Потому что *цель твоего сотворения* есть полное исправление *всех* твоих желаний. Только так ты сможешь слиться с вечностью, достичь абсолютного счастья, которое существует и сейчас, но ты – пока еще неисправленный – не можешь его почувствовать... Обо всем этом мы поговорим позже, а пока же продолжим.

Итак, написано в Торе: «**...уходи из страны твоей...**» – это значит: выходи из того «места», откуда ты «происходишь» и где до этого «жил», откажись от твоих эгоистических желаний. Начинай развиваться над ними так, как будто их не существует.

Далее написано: «**...от родни твоей, из дома отца твоего...**» – то есть уходи со своей предыдущей ступени, покинь свое прежнее окружение, которое не занималось духовным поиском.

«**...в страну, которую Я укажу тебе...**» – иначе говоря, используй те желания, которые в тебе будут пробуждаться далее. Именно их ты будешь присоединять к своему намерению «отдавать», которое называется «Авраам».

Творец будет пробуждать в тебе эти желания, Он же будет и помогать тебе исправлять их. Он так и будет вести тебя в «страну абсолютного счастья».

«И Я сделаю тебя народом великим, и благословлю тебя, и возвеличу имя твое, и ты будешь благословением...»

О каком «великом народе» здесь говорится?

Очень много всяких суждений существует вокруг этого «великого народа».

Говорят, что речь идет о богоизбранности нации, но это неверно, так как именно такое обособление, превосходство одного народа над другим и является корнем всех бед. В нашем материальном мире так оно и есть.

Однако же все проясняется и становится на свои места, когда мы наконец понимаем, что в Торе идет речь только о *желаниях*, которые находятся внутри человека, внутри тебя, уважаемый читатель! Что же получается в таком случае? Получается, что «*великий*» – это значит *достигший свойства отдачи, научившийся любить других*, но не эгоистически, а по-настоящему. Вот в чем заключается истинное величие. И поняв это, ты сразу хочешь принадлежать к этому «народу». Цель – сделать таким весь мир.

«...и благословлю тебя...»

Что такое «благословение»?

Как часто, да почти всегда, мы были уверены, что благословение дается нам, чтобы мы были здоровы, чтобы преуспели в работе и так далее, а на самом деле благословение совсем не относится к нашему эгоистическому миру, оно «приходит» к нам из духовного мира и «ведет» к нему. Оно не касается нашего обустройства в этом мире.

«Благословение» – это Сила или Свет, который нисходит к нам и исправляет наши намерения, делая их из эгоистических альтруистическими.

Ты, связанный с «Авраамом», получаешь эту силу. И тогда все выявленные тобой желания, то есть те, что ты взял с собой «из страны своей», и те, которые еще встретишь по дороге, все они исправляются этой силой «благословения».

Но пойдем дальше. Посмотри, как «жестко» говорится в устной Торе:

«...Я освобождаю тебя от обязанностей чтить своего отца. Можешь смело оставить его. Твой отец и братья, которые выглядят вполне дружелюбными, на самом деле замышляют недоброе. Они задумали убийство...»

Вот такая развивается детективная история.

Но ты-то понимаешь, что речь идет о том, что твои прежние желания, с которыми ты жил раньше, не в состоянии с тобой согласиться. Да, они «видят», что ты прав, и тем самым «признают», что ты возвысился над ними. Но для них – неисправленных – то свойство, с которым ты предлагаешь им существовать, это – смерть. И поэтому ты понимаешь, что рано или поздно произойдет конфликт, когда одни желания должны будут уничтожиться другими. В таком случае, очевидно, у тебя есть только один выход – отделиться, отойти от них, не существовать с этими грубыми эгоистическими желаниями, но в то же время не конфликтовать с ними. Уйти. Как бы «законсервировать» их на время.

Они останутся, ты спокойно уйдешь, а потом вернешься для того, чтобы исправить их. Но вернешься тогда, когда будешь полон сил, когда станешь «великим народом» и сможешь победить (исправить) все эти оставленные тобой желания.

Творец не открыл Аврааму, куда именно тот придет в конце своего пути, *Он говорит: «Куда укажу, туда и иди...»*

Эти *желания отдавать*, которые раскрываются у тебя «по дороге», которые ведут тебя, проявляются в тебе постепенно, и ты должен принимать их по закону отдачи, то есть верой выше знания. Это означает не пропускать их через свой эгоизм, иначе говоря, не подходить к ним со словами: «А что это даст мне? Как это все нелогично».

Желания отдавать надо пропускать через своего «Авраама», то есть через свойство отдачи в тебе.

Ты должен постоянно соотноситься со свойством бины в себе, оставляя при этом все эгоистические мысли в стороне.

Об «Аврааме» в тебе устная Тора говорит так:

«...он ни разу не задал Творцу ни одного вопроса: как долго продлится путешествие?..»

Правильно. Потому что твое возвышение идет на уровне «Авраама», бины в тебе. А на этом уровне ни о чем не спрашивают. Только выше и выше! В отрыв от эгоистических желаний!.. Пока не окрепнешь. Ты сейчас проходишь самое первое исправление.

Далее, уже в письменной Торе, написано:

«...и пошел, как повелел ему Бог...»

Что такое «пошел»? Это означает, что ты начал осваивать духовную лестницу ступень за ступенью. То есть в тебе все время возникают все новые и новые эгоистические желания, те, которые ты можешь исправлять, «прилепляя» их к «Аврааму». Иными словами, ты можешь «рассматривать» их через призму «Авраама», все время сверяя с «Авраамом», тем самым «прилепляя» их к нему, к свойству бины в тебе, и таким образом приподниматься все время над ними.

ЗАКЛЮЧЕНИЕ

Уважаемый читатель, мы с тобой приблизились к концу первой книги.

Мы разобрали две главы: «В начале», «Ной» и только приступили к главе «Иди к себе».

Конечно же невозможно рассмотреть все в такой небольшой книге. Кроме того, я вынужден, уважаемый читатель, держаться определенной глубины для того, чтобы ты смог понять и применить к себе все прочитанное. Эта книга предназначена для человека, начинающего свой духовный путь.

Для тех же, кто уже в пути, существует книга «Зоар», в которой объяснение главы «В начале», например, занимает два тома по 700 страниц каждый (с пояснениями великого каббалиста Бааль Сулама). Однако если ты сейчас начнешь читать эту книгу, то ничего не поймешь, потому что она написана только для тех, кто уже перешел махсом (барьер, отделяющий наш мир от духовного), кто уже живет в двух мирах, соединяя их в себе.

Это впереди. Если в тебе действительно просыпается желание постичь духовный мир и ты останешься верен ему, то есть будешь искать любую возможность поддержать, вырастить этот нежный росток внутри тебя, тогда ты обязательно добьешься желаемого результата.

Впереди у нас новые главы Великой Книги, продолжение увлекательного путешествия в себя, к самой своей внутренней точке, которая называется «желание "прямо к Творцу"». В дальнейшем нас ожидают надежные, проверенные проводники, которых мы нашли и еще найдем в себе – это Моисей и многие другие. Мы пройдем «пустыню» (в себе), спустимся в «Египет» (в свой эгоизм), выйдем из него уже «народом» (окрепшее альтруистическое желание), будем «воевать» (с эгоизмом), падать и снова вставать (поддаваться эгоизму и идти навстречу духовному постижению)... и в конце концов дойдем до желания «прямо к Творцу». Так сказано в Торе, а эта книга никогда не ошибалась.

Итак, уважаемый читатель, пиши нам о своих впечатлениях от прочитанного. Хотел ли бы ты продолжить это путешествие? Мы ждем твоих писем. Высоких духовных побед тебе!

МЕЖДУНАРОДНАЯ АКАДЕМИЯ КАББАЛЫ

Международная академия каббалы (МАК) основана в 2001 году профессором Михаэлем Лайтманом. Основная цель организации: изучение и раскрытие законов мироздания, постижение которых приведет к решению как личных проблем каждого человека, так и глобальных проблем всего общества. Филиалы Академии открыты в 52 странах мира.

Сайт Международной академии каббалы
www.kabbalah.info/rus

Сайт академии каббалы отмечен энциклопедией «Британика» как один из крупнейших учебнообразовательных интернетресурсов по числу посетителей, количеству и информативности материала. Он доступен пользователям на 30 языках и насчитывает 4.5 миллиона посетителей в месяц.

Блог Михаэля Лайтмана:
www.laitman.ru

По словам автора, каббала стала обретать практические формы, ее уже можно применять всем и каждому, а не только специалистам-каббалистам. Так ли это – вы можете проверить сами на ежедневно обновляемом блоге.

Телеканал в интернете – «Каббала ТВ»:
www.kab.tv/rus

Ежедневная прямая трансляция уроков профессора Михаэля Лайтмана с синхронным переводом на 7 языков. Фильмы, клипы, передачи о каббале.

Курсы дистанционного обучения:
www.kabacademy.com

Online-Курс «Основы науки каббала»:
www.edu.kabacademy.com

Дистанционный Online-курс курс «Основы науки каббала» – 30 увлекательных уроков в прямом эфире. Обучение и общение, теория и практика.

Специальный Online-курс «Подготовка к изучению Книги Зоар» – ступень к знакомству с Книгой Зоар – главной книгой науки каббала.

Очная форма обучения

Информацию об очном курсе в Москве, Санкт-Петербурге и по всей России вы можете получить по телефонам: +7 (495) 979 0131, +7 (812) 970 4065.

Книжный интернет-магазин:

Бесплатная курьерская доставка в тринадцати городах России. Почтовая доставка по всей России, странам СНГ и Балтии.

Вы можете разместить заказ на сайте или позвонить по телефонам:

Россия   www.kbooks.ru
8-800-100-2145 (звонки по России бесплатно),
+7 (495) 649-6210 (Москва)

Израиль   www.kbooks.co.il/ru
+972 (3) 921¬7172; +972 (545) 606¬810

Америка   www.kabbalahbooks.info
+1 (646) 435¬0121

Канада   www.kabbalahbooks.info
+1¬866 LAITMAN

Австрия   +43 (676) 844¬132¬200

Заказ книг и учебных материалов **на английском языке:**
+1¬866 LAITMAN

Научно-популярное издание

Лайтман Михаэль Семенович
Винокур Семен Матвеевич

ТАЙНЫЕ ПРИТЧИ БИБЛИИ
От Сотворения до Авраама

Редактор: Лариса Артемьева
Художественное оформление: Кирилл Антошин
Выпускающий редактор: Светлана Добродуб
Оригинал-макет: Любовь Высотская

ISBN 978-5-91072-024-8

Подписано в печать 30.06.2010 г. Бумага офсетная.
Формат 60x90\16. Печ. л. 11. Тираж 5000 экз.
Заказ №   .

Отпечатано в типографии

www.ingramcontent.com/pod-product-compliance
Lightning Source LLC
Chambersburg PA
CBHW072054110526
44590CB00018B/3161